孩子，你的敏感我都懂

〔增訂新版〕

THE HIGHLY SENSITIVE CHILD

Elaine N. Aron, Ph.D.
依蓮・艾倫博士——著　丁凡——譯

目錄

Part 2 成長過程的挑戰

推薦序1

黃迺毓

遠流編輯邀請我為這本書寫篇推薦文，我躊躇了幾天，因為我從來沒清楚想過：我是敏感型的人嗎？我的敏感「指數」如何呢？

回想日常生活中，很多時候，我粗枝大葉，事後不斷道歉，因為「我之前沒想到……」或是「我不知道他會那樣……」，這些「始料未及」的經驗給了我相當的挫敗感。

也有很多時候，我受不了別人的「邋遢隨便」，往往責怪別人（尤其是家人或學生）——怎麼連這個都要我提醒?!這類的經驗也往往讓我氣急敗壞。

預先看到書中的家長問卷，我假裝自己是我的家長，試著做做看，竟然得到十一個「是」，十二個「否」，原來我是「中庸之徒」，往好處說，是該敏感時敏感，不必敏感時遲鈍，往壞處說，會不會也造成「該敏感時遲鈍，該遲鈍時太敏感」？若是前者，我就太幸福了，萬一是後者，那就太慘啦。

為了對自己有更多了解，我答應寫這篇推薦文，也從閱讀中得到許多啟發和樂趣。作者本身是個高度敏感的人，而她有個高度敏感型的孩子，更有趣的是翻譯者也是高度敏感型的人。因此這本書的內容不僅建立於知識，字裡行間更充滿了對人的豐富關懷。

在家庭教育的領域裡，經常談到親子互動或任何其他的人際關係，我們一向強調知己知彼，但不一定要百戰百勝，事實上，若真的能對自己和對方有真正的認識，結果應該是雙贏的，反之也只有雙輸。

高度敏感的人在這個「普遍粗魯」的社會中生活和工作，是蠻辛苦的。這百分之十五至二十的人很可能被冠上龜毛或是神經質的標籤，他們的挫敗感也令許多人（百分之八十至八十五）難以理解。但是如果高度敏感的人可以因被瞭解而被真正接納，他們的人生和對他人的貢獻應該更可以充分發揮。

在親職教育中，專家常要求父母要「接納」孩子，有人以為接納就是「隨他去」，但是真正的接納建基於認識，我想起以往的經驗，有些朋友與其父母的關係一直都在緊張甚至破碎狀態，由作者的觀點來看，那是因為父母有幸生了一個高度敏感的孩子，卻不懂得孩子為什麼那麼難帶，而孩子也知道父母愛他，但是又常常受到父母無心的情緒傷害。親子雙方愛得很痛苦，卻一點不明白為什麼對方跟我不一樣。

我很欣賞作者的比喻，她以「分橘子」來舉例說明不同敏感度的人如何處理接收到的訊息，高度敏感者不是分為大、中、小三個槽，而是可能仔細分成十五個槽，真是非常傳神。

作者不厭其煩，鉅細靡遺的交代許多「撇步」，這樣的細節在我的書上是不會出現的，因為我的敏感度遠不及她，但是對擁有高度敏感孩子的父母來說，這些教戰守則非常實用。

其實，不管你自己或你的孩子是不是高度敏感，這都是一本很精彩的親職教育的寶典。在家庭中，處理夫妻關係或其他親人的關係，都會很有幫助。

【推薦者簡介】黃迺毓，美國南伊利諾大學博士，現職台灣師範大學人類發展與家庭學系教授，專長研究領域為：家政教育、家庭教育、親職教育、兒童文學。由於對童書的熱愛，致力於將閱讀、童書、家庭教育、親職教育結合，積極推廣親子共讀。曾翻譯多種兒童繪本並著有：《家庭概論》《家庭管理》（空大），《家庭教育》《家政高等教育》（五南），《童書是童書》《心靈轉彎處》《享受閱讀——親子共讀有妙方》（宇宙光）等書。

推薦序2

王珮玲

「你現在的心情好像比早上好一些。」「你衣服這邊的線掉出來了！」朋友是位超敏感的人，對於身旁人、事、物細微的改變都能知覺到，彷彿天生有張靈敏的鼻子，能嗅出周圍的變化。她也是位具有超強的覺察能力的人，非常擅長細緻的思考，並喜歡藉由文字表達敏銳的察覺和情感，在進行任何行動之前，常有謹慎的思考；相對地，由於她過度的敏感，與其他人相比，往往能感受更深層的痛苦與落寞，甚至是死亡的經驗。閱讀完這本書後，讓我更清楚瞭解這位朋友天生的高敏感度，更清楚如何同理她內心的喜悅與痛楚。

從發展的觀點來看，人在嬰兒階段就已經發展出敏感度和覺察能力，能察覺母親的情緒及回應；到了兒童或成人階段，更能嗅出家人或朋友透露出的細微訊息，也能瞭解他人的需求和想法。如果成人能夠知覺孩子高度敏感的特質，就比較能夠同理孩子的內心感受，瞭解孩子情緒的起伏，相反地，則無法察覺他們內心的情緒經驗。

事實上，孩子的敏感度和爸媽教養方式是相互影響的，兩者間的關係如同齒輪，或大或小都無所謂，只要能卡榫在一起，就能順暢運轉；換句話說，無論孩子或家長敏感度高低，只要教養方法因應得宜，親子間就能互動圓融。這本書提供了一些從嬰兒期至青年時期的具體輔導策略，對於家中有高度敏感孩子的家長非常受用。尤其本書的作者不僅是位心理學的研究者，還是位臨床工作的諮詢師，甚至本身也是個高度敏感的人，能從學理基礎、個案的諮詢和自身經驗，深入淺出地描述養育高度敏感孩子的多元方法。

難能可貴的是譯者文筆流暢，讀起來輕鬆愉快!!

【推薦者簡介】王珮玲，政治大學教育研究所博士，美國馬里蘭大學、哈佛大學博士後研究；曾任職教育部訓委會、民生報記者，現職台北市立教育大學幼教系教授。專長為兒童氣質研究與發展評量，近十年來經常就此領域，對幼教老師和父母舉辦專題講座和研習工作坊。相關著作包括：《幼兒氣質研究》《幼兒發展評量與輔導》（心理）《孩子的氣質你最懂》（遠流）等書。

譯序

從事翻譯到現在十多年，出版了二十多本書，這本書最為貼近我自己的生命。以前翻譯的書裡，講注意力缺失症的《分心不是我的錯》和《分心也有好成績》內容和我自己的生命有65％的雷同性。講資優成人的《我的天才噩夢》近似程度提高到80％，尤其是三種資優者原型中，比較「沒出息」的那一型，更和我有90％的相似性。到了這本《孩子，你的敏感我都懂》，唉，百分之一百就是在說我啊！

我接受的專業訓練是分子生物，也就是基因工程、遺傳學、生物科技研究。之所以會走上翻譯的路，一開始是因為養育孩子遇到困難，需要大量閱讀相關書籍。國內找不到的書，我就讀原文。若是讀到好書，就覺得應該引進國內，與其他家長分享。於是一路上從學習障礙、開放教育、注意力缺失症、躁鬱症、資優教育、性別議題翻譯到現在，內容一直都跟我的生活息息相關，都是我關心的議題。但是這本《孩子，你的敏感我都懂》最為貼近我個人的成長經驗，感覺上，字字句句都是在描述我。

小時候，我是個非常難養育、麻煩而憂鬱的孩子，孤獨、膽小、害羞、多愁善感、極為挑嘴、常常生病、常常作惡夢、容易哭、容易害怕、怕水、怕生、怕吵、怕熱、怕黑、怕鬼、怕獨處、怕爸爸、怕陰影、怕別人生氣、怕上床睡覺、怕新環境、怕上廁所、怕上音樂課和體育課……

那時候，我覺得這全是自己的錯，誰叫我這麼沒用呢？

及長，我刻意的努力訓練自己，一一克服這些缺點，希望自己能夠融入社會。這個努力持續了一生，半個世紀後的今天，仍在努力之中。我還是憂鬱、孤獨，還是多愁善感，還是容易哭，但是我不再那麼害怕了，也不那麼挑嘴了。

在這個挑戰自己心魔的長期抗戰中，有許多的勝利、許多的失敗、許多難忘的里程碑。

還記得考上北一女的時候，媽媽陪我去學校註冊，走到樓梯口，聽到樓上傳來學姐們歡樂的笑聲，我忽然僵住了，完全無法再跨出一步。我站在樓梯間的窗口，向外呆望，心中著急，兩腿卻不聽話。媽媽一直催促我：「怎麼啦？怎麼不走了呢？走呀，上樓去註冊呀。有我陪著，還怕什麼？」

我說不出話來，只能呆立。

最後媽媽火了：「不能整天站在這兒啊！那你自己去註冊好了，我回家了！」

媽媽果真丟下我走了。

從窗口看著媽媽憤怒的背影，我的心在嘶喊：「媽媽，回來！回來啊！不要丟下我一個人在這裡！」

淚水盈眶，順著臉頰流下，我連舉手擦眼淚的力氣都沒有。

身後人來人往，匯流成一堵牆，牆的那邊是世界，這邊是我，孤單無助的我，害怕顫抖的我，沒用的我。

我知道我必須跨出這一步，我也知道我確實跨出了那一步，但是到底是怎麼跨出去的，竟然一無記憶。只記得回到家時，大家已經在吃飯了，媽媽看我一眼，沒說什麼，我也沒說什麼。這件事，沒有別人知道。

另一次完全當機，是考上台大的時候——又是進入一個新環境。開學後，社團招新生，在操場拉出一排攤位。我到現在還記得，第一個攤位就是登山社，攤位上的學長學姐非常快樂的吵鬧著。我的兩個姊姊在大學時代都參加了登山社和合唱團，我一心嚮往著爬山唱歌的快活日子。可是學長學姐們的聲音、他們的笑聲讓我恐懼得全身僵直。我沿著操場旁邊的陰溝，往前慢慢的走，一直鼓勵自己：「跨過去，跨過陰溝就可以了。跨過陰溝，不用看任何人，跨過去是什麼社團就參加什麼社團，不用想，不用考慮，隨便什麼社團也比沒有好。你只需要跨過陰溝。」

我始終沒有勇氣跨過陰溝。那一年，我沒有參加任何社團。大學四年裡，我始終沒有參加任何社團活動。我可能是台大唯一的一個從來沒參加過任何社團的校友了。

活著，總是如此困難。

因為這些社交上的嚴重挫敗，我無視自己學業上和工作上的優秀表現，主觀認定了自己是個無用而失敗的人。我非常需要別人的溫柔對待，需要保護，需要歸屬，需要安全。我不貪多，家庭、孩子，這樣就足夠了。

我完全願意在自己小小的世界裡安然度過平凡的一生。不過，人生不如意者十之八九。種種人生轉折帶著我走出了家庭，看到了不同的可能、不同的自己，明白了過去的印象只是印象，不是真相。我渴望尋求真相。我是誰？我是怎樣的一個人？我還有怎樣的可能？我為什麼這麼害怕？我要的到底是什麼？我能夠得到什麼？為什麼？這一切到底是為什麼？

我對自己生命有過各種不同版本的解釋，每個人生階段、每個解釋都讓我更了解自己一點，更自在一點。從黑白分明的善惡對立，到被不當對待的童年，到佛洛伊德的心理分析、榮格的潛意識、奧修的生活智慧，到中年時對父母的同理、體諒與放下，到悲嘆時代造化弄人，到專心追求自我實踐，到渴望宗教或愛情的救贖，到寄情於藝術創作……每個階段，我都讀書，希望從別人的經驗中看到自己、看到自己的路。

我是看到了，這裡看到一點、那裡看到一點，就這樣拼湊出一個拼布娃娃般的自己。

直到這本簡單的小書，每一句都是在說我！完整而精準的描述了我的樣貌。

原來，這一切都有個簡單的解釋：高度敏感。

如果拿掉任何一項生命經歷，我都還會是我。如果拿掉「敏感」，我的人生就會完全不一樣了。

我多麼希望，自己能夠早一些了解高度敏感是怎麼一回事。更好的會是：如果我的父母能夠了解高度敏感的孩子是怎麼一回事。我的人生將會是何種風景呢？

如果你，或者你的小孩，甚至你的配偶、家人、朋友，具有敏感特質，如果你正在為此煩惱，你就必須讀這本書。

你將會了解，這一切不是任何人的錯，而且，這些問題都可以解決。

你將會了解敏感的力量有多麼的大，多麼的影響了人生的每一個層面。你將會看到，如果不了解「高度敏感」是怎麼一回事，敏感度不同的人相處時，雙方能夠多麼的痛苦。而這一切痛苦，都是這麼的不必要。

我建議你先做書中的問卷，看看自己、孩子、配偶、家人或朋友，是否具有高度敏感的特質。如果答案是肯定的，那麼，這本書將幫助你瞭解高度敏感的世界，知道如何養育高度敏感的孩子、如何與高度敏感的人相處、如何看待高度敏感的人——包括你自己。

祝福天下所有敏感的心靈！

前言

如果你正在讀這幾個字，可能是你覺得自己的孩子非常敏感。你可以先做「家長問卷」進一步瞭解何謂高度敏感。如果問卷中的狀況感覺很熟悉，就繼續讀下去吧……歡迎進入高度敏感兒童的世界。

大家都知道，從出生開始，每個孩子就有自己的個性。「即使還在嬰兒時期，她就知道自己要什麼，而且她一定要得到，否則天下大亂。」「他總是脾氣很好，什麼都無所謂。」就像所有的孩子，你的孩子也遺傳到了一套獨特的內在氣質。分開來看，每種氣質都沒什麼獨特之處，只是某種具代表性的典型，例如說「意志強」「脾氣好」等等。

高度敏感也是一種內在氣質，15～20%的兒童具有這種特質，男女比例相同。有些嬰兒不在乎你餵他吃什麼、室內溫度是多少，不在乎音響開得多大聲、光線有多亮。但是高度敏感的嬰兒會注意到任何新的味道、任何的溫度改變，他們聽到大的聲音或是被強光照到眼睛就會哭。這些嬰兒年紀大一點之後，情感往往也很敏銳。他們傷心的時候很容易哭，也比較容易擔心，但是開心的時候又開心得不得了。他們在採取行動之前比較會先思考過，所以看起來好像比較害羞或者害怕，其實他們只是在觀察。再長大一些以後，他們常常成為非常善良、有良知的人，他們會受不了不公義、殘酷或不負責任的事情。

當然，每個孩子都不一樣，高度敏感的孩子也是各個不同，因為他們的遺傳特質、教養環境和學校經驗都不相同。他們可能很外向或喜歡自己一個人玩，可能堅持度很高也可能容易分心，可能霸道也可能適應力良好。然而，我們還是可以看到敏感兒童的共通特質。

為什麼寫這本書

先談談我對敏感成人的研究，以及為什麼將研究觸角延伸到兒童和親職教育。我是做研究的心理學者，也是從事臨床工作的心理師。我自己就是高度敏感的人，還有一個高度敏感的孩子。十二年前，我開始研究敏感特質，截至目前為止，已經面談過成百上千的敏感成人、家長和兒童。另外還蒐集了幾千份問卷資料。這些研究成果我已經發表在專業期刊上，而本書提及的資料也都是有證據支持的。事實上，這個現象的研究存在了五十年，只不過是用別的詞彙形容這些孩子，像是感覺閾值低、天生害羞、內向、膽怯、壓抑、負面思考等等。這本書就是想幫這些孩子「正名」。使用正確的辭彙可以讓我們用新的角度看待這些孩子。

例如說，如果一個孩子正在觀察，我們常常說他害羞或害怕，而不會想到說，也許這只是一個很敏感的孩子，喜歡在採取行動前先觀察清楚。或者一個孩子正在留意所有的情緒和細節，我們卻可能擔心他「過度反應」或「無法避輕就重的忽視不重要的事情」。然而，擁有一套非常敏感的神經系統、能夠注意到各種細節，有什麼不好？何況誰知道什麼細節是不重要的呢？失火之前，大概很多人都不會注意到出口在哪裡吧？

因為我自己就是高度敏感的人，所以我知道敏感的人在想些什麼。遇到某些狀況，我們確實可能比較害羞或焦慮，但我認為主要的問題不是害羞或焦慮，而是敏感。我及其他人的研究都顯示，敏感特質將來會成為孩子的優點還是缺點，全要看家長的教養態度。如果我們將孩子的特質視為「敏感」，就比較能夠看到他的優點，比較能夠養育出成功快樂的孩子。

自從我出版《高度敏感成人》（*The Highly Sensitive Person*）及《高度敏感者的愛情關係》（*The Highly Sensitive Person in Love*）以後，許多人告訴我：「我就是這樣，完完全全就是這樣，我不知道別人也有這些感覺……渴望安靜獨處、總是感覺得到別人、總是想做對的事情。」他們都很遺憾父母以前不瞭解敏感特質，或是希望我告訴他們如何養育同樣敏感的孩子。

一般的親職書籍裡，不會提到養育敏感孩子的特殊需要，例如怎樣維持適度的刺激。如果不考慮刺激的程度，很多建議可能引起更多問題，例如一般書中建議的處罰方法對於敏感的孩子可能太刺激了，孩子會過於激動，以至於無法學習你想給他的教訓。這些親職教育書籍沒有考慮到敏感孩子的需要，因此有了這本書。

我知道養育敏感孩子可能遇到許多困難。有些人會覺得孩子不對勁或自己是不稱職的家長。這本書就是要協助你擺脫這種感覺，你將學會放輕鬆，孩子也因此能夠終於放輕鬆了。

如何使用本書

我強烈建議你讀完整本書。第一部分是關於敏感、你自己的個性如何影響親職功能、養育敏感孩子可能遇到的重要議題。第二部分則針對特定年紀的孩子，從嬰兒時期到獨立生活的年輕人。你應該全部讀過，因為：⑴每一章都有新的想法，可以應用在其他年紀的孩子身上。⑵壓力大的時候，敏感孩子的言行可能退化到比較小的年紀，心情好的時候，言行則可能像年紀比較大的人，所以不同年紀的親職技巧都可能用上。⑶瞭解之前發生的事和之後可能會發生的事，對於你目前的親職功能會有幫助。

某些章節後頭的「應用篇」可能很有幫助、做起來很有趣，但非必要。

書中提到的所有個案都是真人真事，只是名字和身分細節有所改變。

最重要的是我希望你能愉快的使用這本書。擁有敏感孩子是一件幸福的事，確實，孩子與眾不同會讓你遇到很多困難，但是我一向認為：你必須願意擁有與眾不同的孩子，才會擁有與眾不同的孩子。你確實有個與眾不同的孩子，這本書就是要教你如何養育他，使他不但與眾不同，而且還健康、有愛心、適應良好而快樂。

家長問卷：你的孩子是不是高度敏感？

請仔細閱讀下列的描述，只要是部分符合或是曾經符合孩子的個性，都請在□中打勾。

我的孩子……

□ 1. 容易受到驚嚇。

□ 2. 抱怨衣服粗糙扎人、襪子縫線不舒服、衣領標籤磨得皮膚癢。

□ 3. 一般而言，不喜歡大的意外驚喜。

□ 4. 用溫柔的勸說比嚴厲的處罰有效。

□ 5. 好像可以讀我的心。

□ 6. 語言能力較同齡小孩成熟，會使用超齡的詞彙。

□ 7. 會注意到最微小的不尋常味道。

□ 8. 幽默機智。

□ 9. 直覺強。
□ 10. 經過興奮的一天後，難以入睡。
□ 11. 遇到重大改變有適應困難的問題。
□ 12. 如果衣服溼了或弄髒了就想要換衣服。
□ 13. 有問不完的問題。
□ 14. 是完美主義者。
□ 15. 會注意到別人的不開心。
□ 16. 喜歡安靜的玩耍。
□ 17. 問深刻而需要思考的問題。
□ 18. 對痛苦非常敏感。
□ 19. 在吵雜的環境中會顯得焦躁不安。
□ 20. 會注意到細節（例如你動過家裡的擺設或是換了髮型）。
□ 21. 爬高之前會先考慮是否安全。
□ 22. 沒有陌生人在場的時候表現得比較好。
□ 23. 對事情有深刻的感受。

◆計分

如果你勾選十三個以上的項目，孩子大概就是高度敏感兒童。但是你不應該完全依據這個問卷結果來決定如何對待你的孩子。如果你只勾選了一兩項，但是這一兩項特質極為強烈，那麼你的孩子仍然可能是高度敏感的孩子。

PART 1

家有高度敏感的孩子

第1章

瞭解敏感特質

◇「害羞」及「難搞」的真相

這一章會幫你確定孩子是不是高度敏感，並徹底探究這個氣質的真相，同時提供關於孩子內在氣質的知識。我們的目標是消除任何關於敏感兒童的迷思。最後，我們會解釋高度敏感兒童和病態行為的不同。

「如果他是我的孩子，哼，給他什麼他就吃什麼。」

「你女兒好安靜喔——你考慮過帶她去看醫生嗎？」

「裘蒂的情感很容易受傷。如果有別的孩子被取笑或是受傷，她也會哭。聽到可憐的故事也會哭。我們不知道要拿她怎麼辦。」

「幼兒園班上每個孩子都參加團體活動，可是你兒子不肯。他在家裡也這麼頑固嗎？」

這些話聽起來耳熟嗎？我面談過許多家長，他們從親人、教師、其他家長甚至精神科專業人士口中聽過各種立意良好的建議。如果你也聽過這些建議，你的孩子大概就是高度敏感兒童。當然，這些話讓人心煩，好像你的孩子有毛病，可是孩子明明有很好的覺察力、關心別人、敏感。你很明白，如果你聽了這些勸告，逼孩子吃他不喜歡的菜、硬要他去社交、帶他去看心理醫生，孩子會很痛苦。如果你順應孩子的個性，他可以過得很好。然而，同樣的話一再出現，你也開始懷疑起自己是否稱職，孩子的行為是否是你的錯。我一而再、再而三的聽到同樣的故事。

如何養育敏感的孩子

你擔心自己可能做得不對，擔心沒有人幫你。你可能已經注意到了，大部分的親職書籍都在談「問題行為」，例如躁動不安、分心、粗野、攻擊性。從這個角度看，你的孩子一點問題也沒有。書上沒有提到你所面對的問題，飲食問題、害羞、惡夢、擔心、突發而無目標的強烈情緒。一般的處罰都沒用，即使只是批評一下，你的孩子都會崩潰。

我擁有敏感孩子，同時是這方面的專家，所以這本書只針對敏感孩子提出建議。我的第一個建議就是：當別人暗示你的孩子有問題的時候，不要相信他們，也不要讓孩子相信他們。你的孩子與眾不同，這並不是你的錯。當然，親職技巧總是有改進空間，這本書會比別的親職書籍幫助更大，因為它完全是針對你的孩子而寫的。但是千萬不要認為你或你的孩子有任何的缺陷。

「發現」高度敏感

根據我自己的研究和專業經驗，以及各種不同研究，你的孩子是人類氣質光譜上正常的一環。15～20%的孩子天生高度敏感。人數這麼多，不可能是「異常」。況且，在各種研究過的物種裡，敏感個體的比例都這麼高。如果演化結果就是如此，那麼一定有其道理。我們之後會仔細討論這一點。現在，讓我們先看看「發現」高度敏感的旅程。

一九九一年，我開始研究高度敏感，在我住的社區和任教的大學裡，和「對各種身心刺激高度敏感」及「高度內向」的人面談。一開始，我真的以為敏感和內向是同一回事。內向的人喜歡擁有少數可以深談的朋友，而不喜歡一大群朋友，也不喜歡和陌生人社交。外向的人則喜歡大型聚會，喜歡有很多不見得談得很深刻的朋友，喜歡認識陌生人。後來我發現大約有70％的高度敏感者是內向的人，其餘30％則是外向的人。內向可能是高度敏感者降低刺激程度的策略之一。

這時候，我知道自己發現了一個新的觀念。

高度敏感者為什麼會成為外向的人呢？根據我的面談資料，他們往往成長在緊密親近、充滿關愛的環境裡。對他們而言，成群的人是很熟悉的場景，並且意味著安全。有些人似乎是被人生經驗訓練成外向的——他們非得如此不可。一位女士清楚記得自己變得外向的時刻。她失去了唯一的好朋友，當下決定再也不要只有一個朋友了。

自從發現敏感的人不一定內向之後，我也發現許多證據顯示敏感的人不一定害羞，也不一定神經兮兮——焦慮、憂鬱。對某些敏感者而言，這些現象就算存在，也是次發性的，不是天生氣質。

一開始我面談了四十位年紀、性別、職業各異的對象，和每個人面談三小時。「高度敏感」一詞對他們而言深具意義。後來許多人光是看到《高度敏感成人》的書名，就因受到吸引而買了書。

仔細研究過這些面談資料之後，我設計了一份長的和一份短的問卷（請參考104～106頁），讓數千人回答。20％的人立即知道這分問卷是針對他們的。剩下80％的人則完全搞不懂問卷在問些什麼，有些人甚至對每個問題都回答「否」。我也做了電話隨機抽樣，結果相同。

此後，我在這個主題上做了許多研究和教學，知道社會需要一本討論如何教養高度敏感兒童的書。太多敏感人士的童年都是悲傷的故事，立意良好的家長或老師因為無知而造成巨大的創傷。於是我訪談了許多家長和兒童，又設計了一份問卷，給一百多位不同類型兒童的家長回答。那份問卷，精簡過後成為本書〈前言〉後面的那份家長問卷，用來區分高度敏感和非高度敏感兒童。

什麼是高度敏感？

高度敏感的人天生就比一般人更能注意到環境細節、行動之前會更深刻的考慮一切。一般人比較不會注意那麼多細節，也比較快就會採取行動、比較衝動。不論成人或兒童，敏感的人往往比較具有同理心、比較聰明、直覺強、有創造力、小心、具有良知。他們比較瞭解行動後果，所以比較不願意做錯事。他們也比較受不了大的音量或同時出現的大量資訊。他們會避免這些刺激，因此看似害羞或不合群。如果他們無法避免過度刺激，就可能變得「很難搞」或是「太敏感了」。

雖然敏感的人注意到比較多的細節，他們的視力、聽力、嗅覺、味覺倒不一定比較好。不過，有些人的某種感官功能確實特別強。重點是他們的腦子處理資訊時比較徹底。不只是腦子，敏感者的脊髓反射能力也很強。痛苦、藥物和刺激對他們的影響較強。他們的免疫系統較活躍，比較容易有過敏反應。也就是說，他們整個身體就是設計來更精確的察覺和理解這個世界。

◆高度敏感者如何分橘子

小時候，父親常常帶全家去參觀工廠。這些地方都很吵、很熱、很可怕。我總是哭，恨透了這些參觀活動。我的家人都不敏感，我的行為總是讓大家感到不耐煩。不過，我很喜歡那個橘子工廠。我喜歡運橘子的輸送帶。根據大小，橘子被送到三個槽裡——大、中、小。現在，我用這個意象來描述高度敏感的腦子。他們不只有三個槽，而是可能有十五個槽，分類分得更仔細。這一切原本很好，但是，如果一下子湧進太多橘子，輸送帶被塞住了，一切只好停擺。

所以，高度敏感的人不喜歡去吵鬧的地方、不喜歡玩快速的球類比賽、不喜歡當眾回答問題。可是如果你需要找人幫你調音、想很棒的點子、玩文字遊戲、下西洋棋，或其他任何需要思考後果、注意細節的工作，高度敏感的人都是最好的選擇。

◆兩極化

你的孩子會不會只是有一點點敏感呢？有些研究者認為，你若不是高度敏感，就是非高度敏感。其他人認為這二者之間有個灰階。我的研究顯示，這兩種看法都有根據。確實，各種環境因子都可以影響敏感度的表達。但是如果確實有個連續的灰階，像是身高或體重，大部分的人會落在中間地帶，形成鐘型曲線。敏感度的灰階卻不同，不但是一條平平的直線，似乎，落在兩端的人數還多一些呢。

◆高度敏感兒童的內在

讓我們看看高度敏感兒童的腦子。他能夠注意到更多細節，有些人能夠特別注意到別人的情緒、表情或關係。有些人特別注意自然世界的細微變化，或是特別能夠跟動物溝通。有些人擅長細緻的思考，或是擁有奇妙的幽默感。有些人會特別注意到周圍環境的改變。無論特長為何，他們的覺察能力就是比較強。

對於自己覺察到的世界，這些孩子也比一般孩子會思考。他可能會問一堆問題——你為什麼這麼做、那個小孩為什麼欺負別人，或試著解決困難的數學或邏輯問題，或是想像家裡的貓在想些什麼。所有的孩子都會這樣，但是高度敏感的孩子這方面的傾向更強。

這些孩子思考「這是怎麼一回事」的過程可能很明顯，例如說他們會要求多給他一些時間做決定。你可能已經注意到了，要一個高度敏感的孩子快速做出決定，就像牽著一隻公狗，要牠快速走過消防栓似的不可能。但是，這個思考過程往往不是有意識的，他們直覺的感覺到你是怎麼一回事。敏感的人往往直覺非常的強。

這個過程可能非常快速，這些孩子會立即知道「有事情發生了」或「你換過床單了」，其他孩子則否。這個過程也可能很慢，他可能要想很久，然後發表驚人結論。

敏感的孩子情緒比較強，因為他們吸收的資訊比較多、處理得比較徹底。有時候是強烈的愛、驚奇或喜悅。但也可能是恐懼、憤怒、哀傷。他們所有情緒都會比一般的孩子更強。因為這些深刻的情緒與思考，大部分的高度敏感兒童都具有強烈同理心。他們比別人更容易受苦，也更早成為捍衛社會正義的人。他們可以成為最佳代言人，幫不能講話的任何事物發言，例如植物、動物、嬰兒、失智老人等等。他們通常擁有豐富的內在生命，很早就開始思考生命的意義。

當然，高度敏感的孩子並非聖人。尤其是經過了幾次不好的經驗之後，他們比一般人更容易變得害羞、膽小、沮喪。如果有人溫柔引導，他們可以成為非常有創意、能夠合作、善良的人。不管他們做些什麼，或是不做些什麼，高度敏感的人都會引起別人的注意。

我一直都知道我的兒子「與眾不同」。他的覺察力很強、非常有創意、具有良知、小心謹慎、容易受傷、不喜歡粗魯的運動、情緒很強烈。某些方面而言，他很好養；有些方面而言，他很難養。無論如何，大家都會注意到他。於是，我發展出了我的原則：如果你想要擁有一個與眾不同的孩子，你必須願意擁有一個與眾不同的孩子。

◆容易受到過度刺激的問題

雖然我說了一堆高度敏感的好話，可是你之所以會讀這本書是因為你需要協助。大部分的人，包括家長在內，都會覺得高度敏感是個缺點。敏感的孩子比一般孩子容易受到驚嚇，容易受不了吵雜多變的場合，例如教室或家族聚會。如果他們注意到這麼多細節，怎麼可能受得了呢？敏感的孩子是少數，因此，大家會覺得他們的反應或行為很奇怪。長久下來，你或你的孩子都會懷疑，他是不是不正常？

通常，敏感的孩子抱怨很多——太熱了、太冷了、衣服讓人發癢、食物太辣、房間裡有怪味道——其他孩子根本不會在意。他們可能喜歡一個人玩、在旁邊看別人玩、只吃熟悉的食物、喜歡待在同一個地方。他們可能幾分鐘、幾小時、幾天，甚至幾個月不跟成人說話。他們可能逃避「別的小孩都很喜歡」的活動，像是夏令營、足球隊、約會。

有些人會發脾氣。有些人努力不惹麻煩，當個乖寶寶，希望別人不要注意到他，就不會對他有更多期待。有些人黏在電腦前面，或是整天讀書，在一個小世界裡找到安全。有些人開始極力克服自己的弱點，努力當個明星人物，或凡事要求完美。

有些孩子在受到過度刺激時會坐不住，看起來很像是有注意力缺失症（attention deficit disorder, ADD）。可是只要沒有過度刺激，他們的注意力就很正常。有些孩子可能情緒崩潰，躺在地上尖叫。有些孩子會變得非常安靜。有些孩子開始胃痛、頭痛。有些孩子覺得他們什麼都試過了，什麼都沒用，乾脆放棄了。他們變得害怕、退縮、無望。

所有的孩子都可能有這些行為，即使非高度敏感兒童也可能受到太多刺激。但是，當孩子發脾氣、沮喪、躁動不安、胃痛或過度要求自己時，大家很少想到真正的原因可能是「敏感」。我希望這本書可以提醒大家。本章最後面會討論如何分辨高度敏感和非高度敏感的兒童，以及有嚴重問題的兒童。

◆如果有這麼多高度敏感兒童，為什麼以前都沒聽說過？

我們都知道，一個人的個性部分決定於內在天生差異，部分決定於他的生活經驗及環境。可是不久之前，心理學家還認為一個人的個性完全取決於他的經驗，尤其是原生家庭經驗。當心理學家開始研究個性氣質時，很容易觀察和描述外向孩子的行為與情緒，但是比較無法描述站在教室後面不開口的孩子。安靜的孩子容易觀察，不容易描述。觀察者很容易就做出結論，認為這些孩子害羞、害怕、不善社交、壓抑。其實，高度敏感才是正確的形容詞。

沒有孩子一出生就害怕、怯懦、害羞、消極、不願意接觸別人。人類是社會性的動物，演化的過程不會容許這種個性一代又一代的留下來。應該說，敏感是一種基本特質，這些外在反應和表現則是敏感引起的副作用，或是負面生活經驗的結果，本身並不是遺傳特質。

我們如何描述這個特質是很重要的一件事。標籤讓我們知道我們面對的是什麼，標籤也會影響別人如何看待孩子，以及孩子如何看待自己。當然，大部分的人，那些不是高度敏感的人，已經對敏感兒童有了定見。有時候，他們會有個人投射，在敏感孩子身上看到自己不喜歡的特質，或是自己想要革除的缺點，例如「軟弱」。敏感兒童能夠察覺這一切。

你的孩子是不是高度敏感？

請先回答第20～21頁的家長問卷。每個項目都是高度敏感兒童的特質，但不是每個敏感兒童都具備每一項特質。這些兒童，就像成人一樣，天生氣質和後天環境經驗各個不同。

家長往往立刻知道孩子非常敏感。任何新生嬰兒都會哭，但是敏感嬰兒可能只因為環境刺激太多就哭了。敏感嬰兒也比較容易被家長的情緒影響，例如家長的焦慮。第6章會討論到這個惡性循環。

有些敏感嬰兒不常哭。他們的家長瞭解孩子很敏感，盡力維持環境安寧，不過度刺激孩子。但是還是很容易認出他們來——眼睛跟隨每件事物、對每個聲音或音質的改變做出反應、對衣服布料或浴缸裡的水溫感應靈敏。長大以後，他們注意到的更多了——你穿了一件新衣服、花椰菜沾到義大利肉醬了、爺爺把沙發換了個位置。他們變得更容易受到刺激，因為他們經驗到越來越多的資訊，卻還不熟悉這一切，也不知道如何減低資訊的吸收量。

◆為什麼我的孩子高度敏感，別的孩子卻不？

氣質是內在天生的基本個性，經由遺傳物質決定，從出生時就存在了。其他高等動物也具有天生內在氣質，例如不同狗種有不同的個性，有具攻擊性的鬥牛犬、保護幼小的牧羊犬、驕傲而跳個不停的貴賓犬。當然，成長的環境也會有所影響，但是你就是無法讓一隻鬥牛犬變得像吉娃娃一樣。這些個性的演化，都不能視為病態或缺陷，這都是正常的氣質變化。

生物學家一直相信，演化會引導每個物種發展出完美的適應原型。大象就是大象那個樣子，鼻子該有多長、身體該有多大、皮膚該有多厚。具有這些條件的大象會比較容易適應環境，生存下來，沒有這些條件的大象就會被淘汰。大部分的物種都有敏感和不敏感這兩種氣質。少數會像你的孩子，比較敏感、注意細節、採取行動之前一再檢查。多數則勇敢前進，不太注意環境。

為什麼有這樣的差異？想像兩隻鹿站在豐美的草原旁邊。一隻鹿會花很多時間確定附近沒有肉食性動物，另一隻只花一點時間就衝出去吃草了。如果第一隻鹿是正確的，第二隻鹿就死定了。如果第二隻鹿是正確的，第一隻鹿就吃不到最好的草了。長久下來，第一隻鹿就會營養不良、生病、死亡。所以，同時有這兩種個性存在，不管發生了什麼，這群鹿都會有存活下來的個體，負責繼續繁衍。

果蠅研究也支持這個理論。有些果蠅的覓食基因（forage）讓牠們成為「靜態果蠅」（

sitters），有食物的時候就不出去覓食。其他的果蠅是「動態果蠅」（rovers），喜歡去很遠的地方覓食。更有趣的是，靜態果蠅有更敏銳、更成熟的神經系統！

另一個動物實驗用的是瓜仁太陽魚（pumpkinseed sunfish）。科學家在池塘裡放了許多陷阱。大部分的魚都很「大膽」，會進入陷阱。少數的魚顯得很「害羞」，不肯進陷阱。我不懂的是，研究者為什麼要用「大膽」和「害羞」這樣的詞彙？為什麼不用「愚蠢」和「聰明」呢？或是至少用「不敏感」和「敏感」來描述？

高度敏感對人類物種有何貢獻？

有些人思考後才採取行動，對人類絕對有利。他們會注意到可能的危險，其他人則快快的衝出去解決問題。敏感的人會仔細思考後果，會要求別人先想一想，然後才決定怎麼做最好。顯然這兩種人的合作最有效率。

傳統上，敏感的人會成為科學家、諮商師、神學家、歷史學家、律師、醫生、護士、老師、藝術家。以往，敏感的人會很自然的成為小鎮上的校長、牧師或家庭醫生，但是漸漸的，非敏感的人侵入決策階層，他們的天生氣質不重視謹慎的策略，轉而採用短期有利的、看起來成就輝煌的決策，忽視沉穩、持續一致的品質。因為他們不需要安靜的工作環境，也不需要合理的工作時間，於是合理的工作環境和工作時數就漸漸消失了。敏感的人越來越無足輕重、越來越沒有影響力、越來越痛苦，於是辭職。非敏感人士掌握的權力越來越大，形成惡性循環。

我這麼說，不是要抱怨，只是分享我的觀察。為什麼各種職業會越來越業績取向、越來越無法滿足人們的需要？在現代社會裡，如果決策者不多多思考事情的複雜性和後果，如果敏感的人和不敏感的人之間無法達到權力平衡的話，人民就會不安，社會也會有危險。所以，我們大家都迫切需要看到敏感的孩子長大成為有信心、有重要性的社會一分子，這樣一來，他才能與社會分享他的才華，才可能影響別人。

◆你的孩子獨一無二

現在我們可能同意，「敏感」才是正確的標籤，那麼，讓我們看看貼標籤的問題。一旦有了標籤，我們往往自認為我們很瞭解狀況了。事實上，我們的瞭解仍然有限。

我跟個案面談時，很訝異的發現高度敏感兒童比成人更具有獨特性。我不得不同意，孩子確實具有許多不同的天生氣質，可是文化只鼓勵其中某些特質，其他的特質不是被忽視，就是被壓抑下來了，結果就是成人的獨特性較少。

即便同是高度敏感的孩子，彼此之間也具有個體獨特性。汪達有三個高度敏感的孩子，分別是二十二、二十和十六歲。他們從小就比其他兒童更敏感，常被說「反應過度」或「太敏感了」。他們都比別人更需要安靜獨處的時間，也都喜歡經由藝術創作表達強烈的覺察。

但是三個孩子完全不同！大女兒安是攝影家，喜歡新經驗、騎機車、跳傘。老二安德魯保守、挑剔、難搞。他是一位視覺藝術家，作品細緻謹慎，從小就對聲音和味道特別敏感。他們三個人都非常情緒化，但是安和安德魯不太表現出來，最小的提娜卻很戲劇性，很愛表達自己。提娜小時候很愛發脾氣，到了青春期變得非常憂鬱。她靠著寫詩抒發情感，喜歡大聲的唸出來。

為什麼高度敏感的孩子會這麼不同？

形成個性的基因不只一個，每個基因都會有某種程度的影響。敏感的基因也可能不只一個，例如對細節、新事物、情緒、社交、生理上的敏感就可能由不同的基因控制。然而，這些不同的敏感因素仍有共通的地方，通常會一起遺傳給子代。

讓我舉些迥然不同的例子吧。如果接觸到太多刺激，許多高度敏感的孩子都會發脾氣。可是三歲的愛麗絲從來沒有發過脾氣。她個性很強、很有主見，如果她想要什麼，表達的方式總是成熟得令人吃驚。

七歲的華特痛恨運動，但是熱愛西洋棋。九歲的藍道只玩棒球，而且只有他媽媽當教練時才肯打球。同樣九歲的恰克喜歡各種運動，爬得高、熱愛滑雪，但是也清楚自己的極限。

恰克不喜歡課堂學習，華特和藍道學業優異。凱塞琳從幼兒園開始就一直跳級。瑪利亞總是名列前茅，以榮譽學生的身分自哈佛畢業。

提娜很外向。恰克也很外向、受人歡迎、有一群女生喜歡他。藍道朋友不多，不喜歡去別人家玩，不喜歡別人家裡的陌生人、陌生食物、陌生習慣。

青春期的李維特別容易覺察別人的情緒。他在公園遇見一個無家可歸的流浪漢，便請求母親收容。他的母親決定讓這個流浪漢住下來，直到李維瞭解，收容流浪漢可能引起的問題，於是另謀解決之道。這個過程花了三個月。八歲的美樂妮也特別能覺察別人的情緒。如果有人被欺負，她會跟著哭起來。她對身體的痛特別敏感，很怕跌倒。一直等到三歲的妹妹學會騎腳踏車了，她才肯把自己的安全輪拆下來。

華特對新事物敏感。小時候第一次碰到草地的時候，他立刻嚇哭了。十三歲的賴利對聲音、衣服、食物敏感。直到上小學前，他都只肯穿運動服。他受不了粗糙的牛仔褲。他也不喜歡新事物，不肯去參加夏令營或度假。五歲的米契對新環境敏感，很難適應新學校，他不喜歡生日宴會，不肯在萬聖節扮裝，不要大家盯著他看。他說話很慢，因為他喜歡仔細想好了再說。跟小朋友在一起的時候，他無法像別人說得那麼快，反而變得有點口吃。他不喜歡食物混在一起，不喜歡毛襪子。他媽媽總是把衣服標籤剪掉，免得他覺得脖子癢。

遊戲床裡的艾米里歐

七歲的艾米里歐跟別人不一樣。他喜歡與人相處，很容易認識新朋友。他什麼都吃，穿什麼都無所謂。但是他討厭噪音、不喜歡宴會，需要很多獨處的安靜時間。從嬰兒時期開始，他似乎就知道如何減少刺激。

兩個月大，艾米里歐就每天在固定時間大哭，看起來非常不開心。他的父母買了個遊戲床，從此以後，他在裡面快樂得很。他在遊戲床裡吃飯、睡覺、玩耍，根本不想離開。如果媽媽把他抱出來，他就大哭。大一點之後，他會自己爬回遊戲床裡去。他才不要去探索環境呢，他只要他的遊戲床！鄰居朋友都覺得他好可憐，告訴他媽媽應該丟掉遊戲床，鼓勵他四處探索。這些立意良好的建議暗示著孩子哪裡不對勁。

但是艾米里歐的媽媽不忍心這麼做，孩子在遊戲床裡太快樂了。遊戲床放在客廳裡，艾米里歐不會錯過家庭日常生活。對艾米里歐而言，遊戲床不是監獄，而是他的城堡。他媽媽決定不要為這件事情操心。她知道，艾米里歐不會到了二十歲還待在遊戲床裡頭。事實上，艾米里歐兩歲半的時候，弟弟需要用遊戲床了，艾米里歐毫無困難的把遊戲床讓給弟弟，不希望自己看起來還像個小寶寶。

◆差異性的另一種源頭——兩個互相競爭的系統

另一個科學理論是：高度敏感兒童的行為差異如此大的原因，可能是因為敏感者具有非常活躍的「行為抑制系統」（behavioral inhibition system）。每個人都有行為抑制系統，高度敏感者的行為抑制系統可能更活躍。這個系統與負責思考的右腦有關聯，而右腦電流活動和血流量較多的嬰兒，比較可能具高度敏感特質。

我喜歡將這個系統稱為「停下來檢查系統」（pause-to-check system）。這個系統的功能就是讓你停下來，看看記憶中有沒有相似經驗。這個系統會引起暫時性的抑制作用，如果結論是不具威脅，就繼續進行。

對於高度敏感者，停下來檢查的衝動可能很強，因為他們需要處理的資訊非常多。回想一下草原旁的兩隻鹿吧。高度敏感的那隻鹿會注意到各種氣息、陰影、色調差異、被風吹起的小小動作，或許不是風，是肉食性動物。比較不敏感的那隻鹿沒有注意到這麼多細節，就沒有這麼多資訊需要處理，於是比較不需要遲疑。

比較不敏感的鹿擁有比較強的「行為啟動系統」（behavioral activation system），當牠看到一片美好的草地，不暇多想就衝出去了。這個系統我稱之為「勇往直前系統」（go-for-it system），會讓我們迫不及待的想探索、成功、追求世間美好一切。它讓我們想要體會新經驗、嘗試新事物，想要瞭解、學習、成長。

每個人都同時具有這兩個由不同基因控制的系統。我們可能有很強的抑制系統或很強的啟動系統，也可能兩者都很強，或兩者都很弱。安和恰克就是兩者都強，總是在探索、嘗試、爬高。當然，身為高度敏感者，他們會謹慎從事，不會冒無謂的風險。他們知道自己的極限。

敏感者之間的差異性也是基於這兩個系統不同的強度，第3章會詳細討論這一點。

◆越來越複雜了——更多其他人格特質

除了以上因素以外，差異性也來自其他基因。研究天生氣質的學者發展出許多不同的特質列表，其中最有名的是湯瑪斯醫生（Alexander Thomas）和雀斯醫生（Stella Chess）發展出來的九項特質。讓我們先從敏感的角度看一看這些研究。資料取自克利斯托（Jan Kristal）的《透視氣質》（*The Temperament Perspective*）一書。

1. 低感覺閾（low sensory threshold）。低感覺閾就是高度敏感，但是只強調感官，不包括內在經驗的處理，不論是想像與記憶的經驗，以及相關情緒。

2. 活動力或能量程度（activity or energy level）。活動力高的孩子對生命比較熱情。他們比較獨立，用整個身體心靈去接觸一切。通常他們統合良好、很早學會走路說話、喜歡學習，可是帶起來很累。活動力不高的孩子很安靜、很少躁動不安、比較擅長細部動作而不擅長粗大動作、做事慢吞吞。高度敏感孩子的活動量可大可小，高活動力的敏感孩子比較容易走入世界。我喜歡用內在和外在的角度考量活動力，有些孩子看起來很安靜，其實腦子裡忙個不停呢！

3. 情緒反應的強度（intensity of emotional response）。情緒反應強的孩子消耗很多能量在情緒表達上。他們顯得戲劇性，你不需要猜就知道他們的情緒如何。情緒反應不強的孩子顯得溫和，即使不高興也不會發脾氣。大部分的敏感孩子會有強烈的情緒反應，但是也有許多敏感孩子不太表達他們的情緒，或是把自己的情緒內化成胃痛或焦慮。如果仔細注意，其實不難發現他們的情緒反應。

4. 作息規律性（rhythmicity）。我們很容易預測這種孩子的行為，你知道他們什麼時候會肚子餓、會睏，或是要上廁所。他們喜歡養成固定的習慣、房間維持整潔、定時定量的進食、及時做完功課。大部分的敏感孩子很有規律，但是也可能缺乏規律。

5. 適應力（adaptability）。適應力強的孩子會順應自然，他們能夠應付改變和轉換，適合旅行。適應力弱的孩子需要知道接下來會發生什麼事情、什麼時候會發生，不喜歡事情忽然改變。他們希望事情在控制之中，光是說一聲：「該吃飯了。」他們就可能拖來拖去或大發脾氣。大部分的敏感兒童看起來好像適應力差，事實上是面對的改變太大、太多了。他們必須處理太多的資訊，無法放輕鬆。同時，他們也能看到不跟著改變的後果，因此會努力適應。家長覺得挫折的是，這些孩子在外面往往可以適應得很好，回了家，一點小事也可以惹翻他們。這是因為他們在外面努力適應社會，已經耗盡能量了。在家裡，他們覺得安全，可以自由發洩。

6.初始反應（initial reaction）。這個特質也可以用接近／退縮來代表。有的孩子會立刻開始接觸新事物，另一個孩子可能會拖很久才開始。大部分的敏感兒童會先等一等，覺得夠安全了才會參與。

7.堅持度（persistence）。有些孩子無論如何不會放棄，喜歡完成使命。他們會一直練習，直到學會。其他兒童則做一做就失去興趣了，容易因挫折放棄。這和敏感是不同的特質，但是有些關聯。例如，敏感的人處理事情比較深刻，因此可能比較堅持。但是他們想要把事情做好的特質會讓他們更容易感到挫折，於是比較容易激動，覺得自己失敗了，也就比較容易放棄。或者他們覺得別人要他們做別的事情了，於是把手上的事情整個放棄。

8.分心（distractibility）。這是指孩子的注意力從一個活動移到另一個活動的容易程度。這和低堅持度有什麼不同呢？如果有人走過，容易分心的孩子會抬頭看，如果他堅持度高，就會又低下頭去閱讀，堅持度比較低的孩子會繼續看走過的人。比較不容易分心的孩子則是根本沒有抬頭看。如果他剛好堅持度不高，還是可能很快的不讀了，但不是因為有人走過讓他分心。敏感的孩子容易分心，因為他會注意到各種事情，但是內在處理資訊的能力會讓他們專注。也就是說，在安靜的地方，沒有煩惱時，他們可以非常專注。

9.基本情緒（predominate mood）。有人認為，孩子天生快樂、天生易怒或天性悲觀。許多諮商師不這樣想，他們覺得孩子的情緒深深受到環境和經驗的影響。我的經驗顯示，敏感孩子並沒有特定的天生情緒，但是他們的情緒確實比較容易受到生命經驗的影響。

消除迷思

大家會給敏感孩子貼上各種標籤，很難讓人不理會。現在就讓我們檢視一下這些標籤。

首先，你的孩子「難搞」嗎？是的，敏感孩子絕對會被「小小的」不舒服、改變或奇怪的事情弄得不自在。但是什麼算「小小的」呢？每個人的看法都不同。一個人認為很整齊、乾淨、舒適，或無臭無味的環境，對另外一個人而言，可能又髒又亂，令人無法忍受。如果對你而言，粗麵細麵沒有差別，對你的孩子可不一定。和高度敏感兒童相處，必須尊重他眼中的現實世界。你可以不喜歡孩子的反應，你們本來就是不一樣的人，但是你必須尊重他的感覺。第7章會談到如何處理孩子的不舒適，我們不會稱之為「難搞」。

第二點，你的孩子不是天生羞怯或膽小。我們的恐懼多半是後天學習來的，如何才能分辨不良經驗導致的恐懼和天生敏感呢？只要是喜歡摸狗的人就會知道。害羞的狗和敏感的狗都會往後退縮，先觀察你，不會立刻撲上前來。但是敏感的狗看起來有警覺性、有好奇心，最後會過來研究你，下次見面，牠會記得對你的印象。害怕的狗不同，牠根本無法正眼看你，緊張、不專心、痛苦，可能一直不肯接近你。即使牠讓你靠近了，下次見面，又要這樣重來一遍。

當然，如果敏感孩子有過不良經驗，下次他們停下來檢查狀況的時候，只要無法說服自己一切很安全，他們就會真的害怕起來了。但是如果我們把這些孩子視為害怕的孩子，就會誤解他們的本質、錯過他們的優點了。看到皮膚很白的孩子時，我們不會說：「喔，這個孩子很容易得皮膚癌。」為什麼要專注在高度敏感孩子的恐懼上呢？我們需要注意到所有的特質，關心他是否有適應性。

同樣的，高度敏感兒童不是天生「害羞」的。沒有人天生對別人的批評或嫌棄感到害羞。「害羞」一詞被用得太浮濫了，不管是什麼原因，比較退縮的人都被稱為害羞。用這種標籤看孩子，很容易誤解高度敏感的孩子。

我兒子和外甥第一天上幼兒園的時候，我都在場。兩個男孩相差十五歲，都是高度敏感兒童，都站在教室後面，被一大堆的小朋友、玩具和活動給震懾住了。我知道他們不是害怕，他們只是在觀察。老師都過來問他們是不是「害羞」或「害怕」，開始給他們貼標籤。

第三點，內向的人不是「不喜歡人」。內向的人只是比較喜歡和一二知己相處，不喜歡和一大堆人或是和陌生人相處而已。內向的人喜歡反思經驗，外向的人喜歡採取行動。內向的人喜歡內在的主觀經驗，外向的人則比較喜歡經驗本身。以這點而言，敏感的人確實比較內向。

如果以是否善於社交的角度看的話，大約70％的敏感者是內向的，其他是外向的。而且，不見得所有的內向的人都是高度敏感的人。內向與外向是天生遺傳氣質嗎？我們不確定。重要的是你得知道你的孩子喜歡怎樣生活。

第四點，你的孩子不是「過度敏感」。醫學專家喜歡把敏感當成疾患，好像高度敏感是無法篩選過濾資訊的障礙。例如，職能治療師會用感覺統合治療（Sensory Integration Therapy）來治療敏感的孩子，好像敏感可以治癒似的。

感覺統合的問題包括平衡困難、動作笨拙或僵硬、缺乏統合。很多家長認為，只要肯花時間，假以時日，感覺統合治療可以改善敏感的現象，可是我根本不認為敏感是需要治療的問題，高度敏感不是精神疾病。哈佛大學卡根（Jerome Kagan）的研究顯示，90％的高度敏感嬰兒長大後沒有明顯壓抑或焦慮的徵狀。青少年研究顯示，焦慮和童年害羞無關。我自己的研究也顯示，具有正常童年經驗的高度敏感兒童中，焦慮、憂鬱和害羞的比例並沒有比較高。另外有兩項研究顯示，童年幸福的高度敏感兒童中，生病或受傷的比例比較低，由此可以推論他們的情緒也比較健康。

還不能確定孩子是不是高度敏感嗎？

如果孩子只對一件事情敏感，或是只對一般兒童在意的事情敏感，那麼他大概不是高度敏感兒童。例如，大部分半歲到一歲的嬰兒會認生，兩歲的幼兒會堅持己見。大部分孩子都會害怕很大的聲音或害怕和父母分開。所有的孩子都會做惡夢。

如果在某個大的壓力或大的生活改變出現之前，孩子都沒有呈現敏感反應，他大概不是高度敏感兒童。這些事件包括弟弟妹妹出生、搬家、父母離婚、換保母。如果孩子的個性忽然改變，例如變得畏縮、拒絕進食、過度恐懼、一直和別人發生衝突、忽然出現負面的自我形象、覺得無望等等，都應該立刻讓專業人士檢查，團隊中應該包括兒童心理師、兒童精神科醫生、小兒科醫生。高度敏感兒童的個性氣質從出生就開始了，不是忽然的改變，而且不見得都是負面的。

高度敏感兒童的行為會在正常範圍內，他們學會說話、走路的時間和一般兒童類似，學會上廁所和放棄奶嘴的年紀可能稍稍晚一點。他們對別人、對環境有反應，喜歡跟熟人溝通。年紀小的高度敏感兒童在學校裡可能不願意開口，可是在家裡或是和好朋友在一起的時候會喜歡講話。

◆高度敏感和注意力缺失症

大家總是喜歡問我高度敏感和注意力缺失症之間的關係。二者表面上有相似處，有些高度敏感兒童可能會被誤診為注意力缺失症患者。事實上，二者完全不同，還可能相反。大部分高度敏感兒童的右腦血流量較高，注意力缺失兒童則是左腦血流量較高。

為什麼這二者會被混為一談呢？高度敏感兒童也容易分心，因為他們注意到太多細節了。但是，注意力缺失症是一種疾病，缺乏足夠的「執行功能」（executive function），例如做決定的能力、專注力、思考後果的能力。只要環境夠安靜、夠熟悉，高度敏感兒童的這些能力都很強。注意力缺失症兒童則不容易知道事情的輕重先後，不容易把注意力抓回來。

必要的時候，高度敏感兒童可以不分心。這需要力氣。這也是為什麼高度敏感兒童常常被誤認為注意力缺失兒童的原因之一，當他們長期處於高度刺激的環境中，如果他們情緒已經激動起來了，他們就可能被外在刺激弄得分心，看起來過動或不專注。他們在學校可能半天下來就累了，因為他們必須花更多力氣過濾多餘的刺激。在高壓環境裡，例如重要考試，如果他們害怕自己會表現不好，他們就可能受到過度刺激，比較容易分心。

◆自閉症與亞斯伯格症

家長及醫生往往很早就能看出自閉症（autism）及亞斯伯格症（Asperger's disorder）兒

童的異常。自閉症嬰兒不會微笑、不學大人的表情、眼睛不會跟著大人的指頭移動。兩三歲的時候，他們對別人沒有興趣，對別人的需要和感覺沒有反應。他們缺乏溝通意願，不參與想像的遊戲。高度敏感兒童完全不同，除非受到過度刺激，他們非常喜歡溝通。人口中有20%高度敏感，一萬名兒童中卻只有二到四個有自閉症，其中四分之三是男生。

五百分之一的兒童有亞斯伯格症，男女比例為五比一。這些孩子往往有肌肉上的問題，例如姿勢奇特、動作和速度不協調、笨手笨腳、節奏感差、筆跡難以辨識。高度敏感兒童緊張的時候可能統合失調，平常不會。亞斯伯格症兒童似乎願意溝通，但是溝通技巧很差，因為他們顯然天生就不會辨識如何傾聽或何時說話。他們聽不懂暗示或嘲諷、無法保守祕密、不瞭解面部表情。他們常常一直單調述說誰都沒興趣聽的事，而高度敏感兒童不會這樣。

自閉症與亞斯伯格症兒童往往對感官刺激高度敏感，但是對社交訊息不敏感，高度敏感兒童則非常不一樣。一般兒童和高度敏感兒童天生就喜歡溝通，即使還在子宮裡，可能就會對母親做出反應了。

◆如果不確定孩子的問題，要怎麼辦？

如果不確定，就及早請專業團隊鑑定。小兒科醫師會強調生理徵狀或解決方法，精神科醫師檢查是否有精神異常的現象，心理諮商師教導新的行為模式，職能治療師會強調感官動作的問題，語言治療師會注意說話技巧，社工師則會檢視家庭、學校、社區環境的構成。這些專家形成的團隊可以照顧到各種問題。我認為，單單靠藥物是不足以解決兒童行為問題的，他們需要學習如何適應環境。

徹底評估需要好幾個星期，家長、老師、保母、其他專家都需要做報告。專家會問起家族醫療史，觀察孩子，以及你和孩子的互動。最後，這些專家應該給你支持與鼓勵。如果你覺得他們的意見聽起來不對，就找別的專家給你意見。除非必要，不要急忙開始任何治療。

請記得，高度敏感兒童是正常的孩子，大部分時候是放鬆的，跟熟人在一起可以很自在。他們能夠傾聽別人、表達自己。有壓力的時候，可能暫時無法適應，但是他們有情緒好、友善、好奇、驕傲的時刻。

敏感孩子需要「治療」嗎？不。我們可以訓練孩子適應環境，但是試圖治療、消除、隱藏某種氣質則會引起更多問題。不同的氣質不但是生命的趣味，也可能是物種生存的希望。

幫助高度敏感兒童邁向成功與幸福

你還會擔心孩子將來是否成功幸福嗎？不要擔心。許多高度敏感的人都跟我說，他們相信自己比其他人感受到更多，也更深沉的快樂。很多高度敏感的人很成功，成為教授、法官、醫生、科學家、作家、藝術家、音樂家。

是的，你的孩子會比較注意到世間的痛苦與問題。亞里斯多德曾說：「我們天賦最適合做什麼就做什麼，這樣的人最快樂。」高度敏感者的天賦就是覺察，即使難免會覺察到痛苦與失落，甚至死亡，他們仍是在運用自己的天賦。你需要幫助他們面對高度覺察的後果，因此，你的人生也將更為深刻。

身為家長，養育高度敏感兒童會是一生中最大的挑戰、最快樂的任務。對於這樣的孩子，你的影響更大，回饋因此更大，面對的議題也更多。

應用：欣賞你的孩子

請填下列問卷：

（一）勾選敏感的種類

□生理，閾值低。例如：

對衣料、襪子、衣服的標籤敏感。

注意到細微的聲音或氣味。

□生理，複雜度。例如：

不喜歡群眾或擁擠吵雜的地方。

不喜歡混合不同的食物或強烈的辛香料。

□生理，強度。例如：

對疼痛的反應比一般孩子還強。

容易受到大聲噪音的干擾。

□情緒，閾值低。例如：

容易感應到別人的情緒。

善待動物、嬰兒、身體、植物（不會說話的生物）。

□情緒，複雜度。例如：

對人有更深的瞭解。

做複雜而生動的夢。

□情緒，強度。例如：

容易哭。

對別人的痛苦感同身受。

□新奇感，閾值低。例如：

注意到房間裡或別人衣物上的微小變化。

比較喜歡微小而漸進的變化。

□新奇感，複雜度。例如：

不喜歡發生新事物。

很不願意有重大改變，像是搬家。

□新奇感，強度。例如：

不喜歡驚喜、被驚嚇、忽然的轉變。

在新環境會遲疑不決。

□社交新奇感，閾值低。例如：

對很久不見的人也會認生。

注意到很久不見的人身上微小的變化。

□社交新奇感，複雜度。例如：

越是不熟悉的人越遲疑不決。

不喜歡有陌生人的一大群人。

□社交新奇感，強度。例如：

不喜歡受到陌生人注意。

不喜歡一次認識很多陌生人。

不喜歡和陌生人講話。

（二）根據湯瑪斯和雀斯的問卷，圈選孩子的七種氣質強度

如果不瞭解各個項目的含意，可以參考第43～46頁。

1. 活動力或能量：低 中 高
2. 情緒反應的強度：低 中 高
3. 作息規律性：低 中 高
4. 適應力：低 中 高
5. 初始反應：低 中 高
6. 堅持度（注意力持久度）：低 中 高
7. 分心（遇到新的刺激就轉移注意力）：低 中 高

（三）勾選孩子其他的優勢

□藝術能力。

□科學能力。

□益智遊戲的技巧。

□運動能力。

□耐性。

□同理心。
□良知。
□幽默感。
□心靈與精神方面的興趣。
□智力。
□善良。
□關心社會議題。
其他＿＿＿＿＿＿＿＿＿＿

（四）勾選孩子的問題

□感覺統合困難，運動不佳。
□害羞，害怕被排斥。
□負面情緒或負面行為。
□頑固。
□粗魯、自私、不體貼。
□太乖了。

□不會閒聊。
□花太多時間上網。
□憤怒。
□太吵鬧了。
□過於具有攻擊性，以至於別人不跟他玩。
□過於被動，以至於別人不跟他玩。
□學習遲緩。
□學習障礙。
□注意力缺失症。
其他＿＿＿＿＿＿＿＿＿＿＿＿＿＿＿＿＿＿＿＿

提醒大家思考的角度：以上這些「問題」是任何家長都會視為問題的嗎？還是只有你認為是問題？你是否能夠想像，別的家庭或許不認為這是個問題？

（五）勾選影響孩子生命的重大事件，並寫下你認為產生的影響

□搬家。
□離婚。

□生病。
□家人死亡。
□好朋友死亡（包括寵物）。
□家人生病（生理或精神疾病）。
□虐待（肢體虐待或性侵害）。
□長期貧窮。
□不尋常的成功、得獎、成就。
□得到公眾注意。
□獲得一位非常要好的朋友。
□一位特別的人生導師（包括親近的祖父母、老師……）。
□印象深刻的旅行或經驗。
□課程（音樂、運動……）。
□長期固定的活動（足球、童子軍……）。
□不尋常的生活環境（大城市、貧民窟、鄉下、農場……）。
□宗教訓練。
□文化資源（看戲劇演出、聽音樂會、常常有科學家或作家到家裡作客……）。

（六）根據以上資料，用一兩頁文字描述你的孩子

1. 從他的敏感開始寫起，然後描述他的其他氣質特徵。
2. 列出他所有的優點。
3. 提出他所有的問題，加上你的意見。
4. 你對這些問題的意見如何影響這些問題？會不會有人認為這些根本不是問題呢？
5. 描寫孩子的生活經驗如何影響了這些優點和問題？
6. 最後，回頭檢視孩子的敏感如何影響了他的優點？
7. 孩子的敏感如何影響了他的問題？
8. 孩子的敏感如何影響他克服問題？
9. 孩子的敏感如何和他的人生重大事件相互影響？
10. 現在回頭閱讀，你學到了什麼？你以後會如何看待你的孩子？

留著這份紀錄，或許有一天可以和孩子的老師、保母、醫生或家人分享。

第2章

繫好安全帶

◇養育特異兒童的挑戰

養育高度敏感兒童的技巧不同於養育一般兒童，好的親職技巧對這些孩子的幫助也甚於對一般兒童的幫助。本章討論養育高度敏感兒童所面對的六大挑戰，以及如何處理這些問題。我們也會討論養育高度敏感兒童的諸多樂趣。

瑪利亞的媽媽知道該怎麼辦

瑪利亞的父母成長環境並不優渥。瑪利亞的母親愛絲托一生都很辛苦。她的原生家庭並不健全，身為一個高度敏感兒童，愛絲托成為家庭裡的代罪羔羊。她說：「至少我瞭解什麼會讓敏感的孩子受到傷害。」

瑪利亞出生的時候，愛絲托和年輕丈夫收入低於貧戶標準，兩邊家族都沒有伸出援手。事實上，愛絲托覺得兩邊的家族都不對勁，根本不想讓孩子受到他們的影響。她的直覺是正確的——瑪利亞的祖父後來因為性侵兒童被捕。

愛絲托說：「才出生兩個星期我就知道了，我在房間裡走動，她的眼睛會一直跟著我。」一旦發現瑪利亞像她一樣，也是個敏感兒童，愛絲托就決定辭職，在家養育孩子。她盡量學習各種親職技巧，並加以調整，來適應這個獨特的孩子。她自動把嬰兒衣服的標籤剪掉。她一向喜歡簡單的食物，這個不成問題。

愛絲托從來不逼瑪利亞嘗試新經驗，除非愛絲托有十足的把握，知道瑪利亞不會遇到困難。大部分的時候，孩子有權拒絕。瑪利亞念小學時，全班看一部動物被屠殺的影片。瑪利亞很難過，看到一半就走出教室。老師非常不高興。愛絲托告訴女兒，她是對的，她不需要看任何讓她這麼難過的東西。這件事情，以及其他事情，讓愛絲托決定把瑪利亞轉到一間私立學校去。瑪利亞從此表現優良。

愛絲托一向重視瑪利亞的自我形象。念高中時，瑪利亞一直長高，超過一百八十公分，身高讓她更與眾不同。瑪利亞有點害羞，但是因為她健康的自我形象及敏感度，她在同儕中成為領導人物。即使在幼兒園裡，其他孩子就會聽她的話，接受她的主意。她有些認生，但是喜歡跟小朋友玩，沒有明顯的問題。她的朋友數量比一般兒童少一些。她比其他兒童更敏感、更體貼。

現在，瑪利亞已經成年，日子過得並不輕鬆。她還是寧可不要這麼敏感或這麼高。她二十七歲了，還沒有固定男友。哈佛大學畢業後，瑪利亞搬過幾次家，一直在找夠安靜的環境。她事業成功，常常旅行。她很健康，對未來也很有信心。

對於高度敏感兒童，家長的影響更大

每隔一陣子，就有人主張一切都是遺傳，教養不會影響。有時候又有人過度強調教養對個性形成的重要性，沒有人強調天生氣質的重要。顯然，我們真正需要的是某種平衡。

教養確實會造成影響，尤其是對高度敏感的孩子而言。實驗發現，如果把小猴子隨機配給養母帶大，比較有反應（比較敏感）的小猴子如果有冷靜的養母，長大以後會比較堅強，甚至成為領袖。如果分配到緊張的養母，小猴子就不會出落得這麼好了。不過，出養的創傷經驗對於敏感猴子的傷害也比較大。

大部分兒童不會跟母親完全分開，但可能會被暫時送到保母那裡。研究顯示，不論什麼原因，如果保母的心不放在孩子身上，孩子就會受到影響。實驗顯示，將九個月大的嬰兒交給保母照顧半小時，如果保母很注意孩子、跟他玩，小嬰兒和母親分開的時候就比較不會哭鬧。如果保母不大理會嬰兒，嬰兒就會哭鬧。敏感的嬰兒哭鬧得更厲害。

另一個研究顯示，一歲半的高度敏感嬰兒如果對母親的連結關係缺乏安全感（第6章將討論到），在新環境裡會顯得比較不安。安全感強的高度敏感嬰兒則不受影響。至於其他非高度敏感的嬰兒，不論安全感是否足夠都不會受到影響。也就是說，只有缺乏安全感的高度敏感嬰兒在新環境裡會呈現不安。

結論就是：「負責的、體貼的養育……會讓嬰兒有安全感，即使孩子的天生氣質讓他將所有的新經驗視為具有威脅性，也可以減低生理上的壓力反應。」也就是說，當敏感的幼兒和母親分離，處在高壓環境中時，只要有關懷他的保母，就沒有問題。如果新環境中有特別大的壓力，和母親是否有足夠的連結和安全感就顯得特別重要了。是否會被好好照顧將強烈影響他們的心情。高度敏感兒童不但比較能夠感知危險，也比較能夠感知母親或保母能夠提供多少支持或照顧。

適性發展——每個孩子的成長經驗都不同

家庭對每個孩子個性的影響都會有所不同。有些是因為家長在養育每個孩子的時候，客觀環境不同。有些是因為孩子個性不同，家長對待他們的態度就有所不同。有時候，同樣的教養方法，碰到不同氣質的孩子，結果就是會不一樣。

如果你有一個以上的孩子，就很可能有的孩子在你的養育下受惠，有的則否。研究顯示，親職教育訓練可以改善這一切。家長和孩子不需要擁有相同的氣質，只要用心配合就夠了。「適性發展」指的是家庭和學校環境都能支持並鼓勵孩子自然的行為。

有的家庭會認為一個安靜、喜歡畫畫、不喜歡運動的孩子非常完美，別的家庭卻可能對這個孩子感到非常失望。只要家長願意接受孩子的天生模樣，就可以找到共同相處、互相配合的模式。家長必須改變方法以適應孩子，研究顯示，家長越能夠瞭解孩子的氣質，孩子的問題就越少。

這本書就是在強調創造適合孩子的環境有多麼重要，可以幫助你省下很多麻煩，因為高度敏感兒童確實有許多共同性。我們要從最重要的一點開始：你的孩子對你極為敏感。你必須瞭解這一點，才能創造出適合他的環境。

◆米格魯與牧羊犬

我在第1章就講過，狗有許多不同品種，有的人適合養這種狗，卻不適合養那種狗。如果碰到氣質不合的狗，主人還是可以學習那種狗的習性，適應牠的氣質。養孩子也是一樣。

小時候，爸媽給了我一隻米格魯，名叫「星星」。星星個子不大、鼻子很靈、喜歡到處探險。只要聞到氣味，牠才不管你說什麼呢。牠似乎只有鼻子敏感，其他部位都不夠敏感。星星一歲大的時候，媽媽和我參加了犬訓營，想帶星星去參加狗展。在展場，只要有狗鍊牽著，星星就很乖，一旦把狗鍊拿掉，星星就到處亂跑。

結婚之後，我想要養隻不一樣的狗。我一直很喜歡黑白相間的牧羊犬，於是買了一隻，取名山姆。這隻狗簡直就會讀心術。牠第一次在屋裡亂尿尿的時候，我把牠牽到外頭去，牠再也沒有在屋裡尿尿過。長牙的時候，牠只咬破過一本書。

山姆九個月的時候，我給牠戴上頸鍊，開始做服從訓練。我在牠背上拍了一巴掌，用力扯頸鍊把牠的頭拉高，然後說：「坐下！」牠癱倒地上，開始發抖。我把牠拉起來，重複了一次。牠趴得更低，抖得更厲害，眼神好像在說：「為什麼？我做錯了什麼？」

第二天，我又試一次。這次我發現，只要施一點點壓力，說幾句鼓勵的話就夠了。

我發現牠只需要瞭解我的要求是什麼，就做得到。牠學會了坐下、停、跟隨、等我、到角落休息、等一下回這裡見面、去拿來、帶著、趕牛、把小狗集中起來、不要讓小孩跑出院子。常常，我都還不知道呢，牠就知道需要做什麼。像是晚上我和我先生在樹林裡走散了，山姆自動去把他找回來。山姆非常敏感，牠知道我們的需要，也樂意照顧我們。我從來沒帶牠去參加狗展，我不願意利用牠的好脾氣，逼牠在公眾面前表演。

標準馴狗步驟對星星來講就夠用了。對山姆，我必須更體貼。如果動物或孩子能夠讀懂你的心，容易被你嚇到的話，你就是得更體貼一些。

◆無知導致遺憾

山姆剛來的時候，我以為自己很會馴犬，我的屋子裡滿滿的都是獎盃獎狀。但是山姆讓我學會謙虛，牠也讓我很自責。我很難過自己給牠這麼多壓力，也不懂為什麼一般馴犬方法會失靈了。我感到沮喪，生氣牠這麼容易害怕。我一心想要瞭解為什麼牠的行為這麼奇怪，每當我重整旗鼓再度嘗試訓練牠的時候，牠的狀況都變得更糟糕。

養育高度敏感兒童時，缺乏親職技巧也會有同樣的結果。你以為自己知道怎麼養育孩子，然後這個孩子讓你學會謙虛。我聽過太多故事了，家長因為讓孩子痛苦而自責，在公共場合為孩子的害羞、吵鬧、無來由的哭泣、恐懼……感到丟臉。家長不明白為什麼。有些家長感到沮喪，常常失眠。有些家長感到憤怒，覺得自己不適任、孤立無援。有些家長覺得受到拖累、困住了、過度疲倦。這可能影響婚姻、影響其他孩子、也影響家長的健康。

難養育和容易養育的高度敏感兒童

有些高度敏感兒童比其他高度敏感兒童更難養育。有些孩子很戲劇化，總是要人伺候。這取決於孩子其他氣質特色，還有他的堅持度、彈性、情緒強度、他模仿的對象以及他的生活環境而定。我也發現，如果家長比較能夠接受孩子的特質，對孩子較為細心照顧，他們的孩子小時候會比較難帶。這是因為孩子覺得可以自由表達自己的情感——生氣、興奮、挫折、害怕。

如果家長比較無法照顧孩子——或是他們自顧不暇、不習慣強烈的情緒——都會讓高度敏感兒童隱藏他們的情緒，避免惹上麻煩。但是，這樣的孩子一直沒有學會如何處理他們壓抑下來的情緒，成年之後往往從其他出口冒出來。這時候的問題更難處理。因此，每當有人跟我說他們的高度敏感孩子「從來不惹麻煩」的時候，我都會有點擔心。

◆惡性循環

有些家長試了又試，孩子還是不快樂、退縮、不「正常」。我經常看到惡性循環的模式：你擔心、你努力讓孩子達到你的期待、孩子行為不如你的期待、你更擔心、更努力……。你和孩子都覺得失敗了。你必須瞭解，孩子與眾不同的行為不是你的錯，也不是孩子的錯。

這些孩子不是故意要這麼麻煩的！

不敏感的家長比較容易陷入這個模式，下一章會仔細討論。但是即使是敏感的家長，也常常不知如何處理，心中暗暗希望孩子不那麼敏感。

◆米其爾的媽媽終於「不跟自己作對了」

雪倫不知道她和兒子米其爾都高度敏感。雪倫的原生家庭頗為粗魯，不太敏感。她不自覺的讓自己融入這樣的環境，但是她對米其爾很敏感。雪倫很愛唱歌，她注意到寶寶不愛聽她唱歌。長大一些以後，米其爾自己也不愛唱歌。萬聖節的時候，他不肯扮裝。到了四歲還在吸奶嘴。雪倫感到失望。她說：「他從來不領頭做什麼，他總是跟隨別人、學別人。從來不是領導人物。」

學校舉辦關於敏感的演講。雪倫說：「我忽然明白了。」她真希望自己早幾年聽到這場演講：「不要跟自己作對，不要再批判自己的親職技巧。我心裡知道要怎麼做，但是做不到。我一直在責怪自己，家裡的人都認為是我沒把孩子教好。現在不一樣了。我讓自己配合他的行為。我讓他告訴我他需要什麼。

「他有好多優點——他很甜、很溫柔。如果他不想在家族聚會的時候站出來表演，沒關係。我跟別人說：『不，他不想做。』的時候，感覺真好。」

最常見的六大問題

現在讓我們來看看高度敏感兒童的六大特質。這些特質本身無所謂對錯，但是如果你缺乏親職技巧，可能造成養育上的困擾。

◆注意細節

有時候，這個特質非常討人喜歡：孩子注意到你的每個愛的眼神，並且會做出回應。她會比你更早注意到弟弟餓了。但是有時候這個特質真是讓人受不了：高度敏感兒童特別會注意到他們不喜歡的一點一滴。「這個蘋果還有一點皮在上面，你知道我討厭吃蘋果皮的嘛。」「房間好臭。」「你動過我的電腦了，對不對？」「我喜歡這種口味，可是不喜歡這個品牌。這個牌子吃起來像粉筆一樣。」

不是所有的高度敏感兒童都會注意到細節。有些人似乎沉浸在自己的世界裡，什麼都注意不到。有些人討厭過度刺激——很大的聲音、很亮的光線、口味重的食物——不會注意到細節。有些人只注意食物或衣服或社交場合的細節。第7章會深入討論這一點，這裡列舉一些大概的處理原則：

●相信你的孩子。如果孩子抱怨說痛、癢、麻，請相信他，即使你自己不覺得。

要讓年紀小的孩子吃得飽、睡得夠。這樣他們才會比較不容易生氣，比較有耐性等你幫忙他解決問題。

當孩子年紀夠大，可以理解的時候，先認同他的不舒服，然後告訴他這個不舒服何時會結束。如果你真的無法消除這個不舒服，就跟他說你沒辦法。如果你一開始能夠誠懇的表達對孩子的尊重，同情他的需要，並呈現你無法立刻解決問題的困境——你必須買完菜、必須到了車子那裡才有乾淨衣服可以換、必須吃完這一個牌子的食物以免浪費——他會逐漸養成瞭解與等待的能力。

要有所節制。有些孩子不喜歡綁鞋帶，你幫他重綁個十幾次還是一樣抱怨不停。他的注意力可能過度集中在這一件事情上了。找別的時間討論這件事。答應他，下次你會照著他的指示重綁五次，超過五次就不重綁了，否則你也會變得非常挫折。

堅持你對禮貌和公共場合良好行為的標準。但是請記得，有時候情緒沒有道理可講，也無法控制。如果孩子為了一點「小事」失控，盡量解決眼前的問題。如果解決不了，就抱著孩子，同理他的處境。等到第二天情緒平穩了，你們可以討論需要怎麼做，下次他才能表現良好。

可能的話，讓孩子做決定。如果孩子挑剔襪子，就讓他選自己要穿的襪子。

◆容易過度刺激、過度興奮

我在第1章說過，孩子如果遇到過多刺激可能會受不了。這些刺激可能是外來的，也可能是孩子內心的想像。

刺激越多，身體越緊張。刺激太少，我們會覺得無聊。刺激太多，我們會覺得不舒服。如果無法控制這些刺激，我們就會表現不佳——不論是打球、做數學題目或跟別人講話。高度敏感兒童比一般人更容易受到刺激。這表示，孩子跟你玩的時候很會接球，上場比賽的時候就接不好了。於是他開始討厭打球，比賽的時候會哭起來，可是他又想要繼續打球。你心裡想，要怎麼辦呢？是要繼續參加呢，還是要放棄？

首先，你需要瞭解，在某方面，高度敏感兒童會因為過度刺激而表現不佳——通常是以前有過失敗經驗的活動，或是他們認為自己會失敗的活動。下次再試的時候，他們會更焦慮、受到更多刺激，表現就會更差。他們可能很願意上台表演，但是光線和觀眾就是會讓他們受到過度刺激。

過度刺激當然不好，但是容易受到刺激卻可能是件好事。例如說，高度敏感兒童不容易覺得無聊。一點點刺激就可以讓他們關心別人、盡心盡力。

大部分的高度敏感者在某個特定範圍內，已經熟稔到了非常自在的程度，就可以承受很大的壓力或很大的刺激仍然表現優良。第7章會進一步討論過度刺激，第8章則討論社交場合害羞的問題，這裡先列出一些一般現象：

培養孩子擁有某種能力——運動、藝術、學業、變魔術、說笑話、跟成人對話、帶領同儕玩想像的遊戲。選擇一樣他有興趣的事情，慢慢開始，確定一開始的每一次嘗試都是成功的經驗。我的兒子喜歡戲劇和寫作，八歲的時候，我讓他去上表演課。我特別請老師經常誇獎他，他在運動上有太多失敗的經驗了。第一堂下課，他兩眼發亮的走出教室：「老師說我是天生的演員！」之後從來不缺課。他每次寫作文，我一定要求他修改並繕寫打字之後才交出去。老師給的好成績和讚美讓他一直興致高昂。

讓孩子盡量事前練習、掌握技巧，就不會因為緊張出錯了。用虛擬實況來練習，到球場練習，如果是準備考試，給他做限時的模擬考。絕對不要讓孩子沒有準備就去上戰場。

討論可能出錯的地方，討論後續可以如何處理。討論可能的錯誤，瞭解這些錯誤。假設球賽到了第九局，雙方平手，你的孩子被三振出局。這種情形在所難免，每個棒球球員都碰到過。事前討論一下，如果發生這種事情要怎麼面對自己、面對隊友？

解釋過度刺激對表現的影響。解釋給他聽，他有能力，但是緊張（或噪音、新環境、觀眾……）可能會造成干擾。跟孩子說：我知道一位運動員，在小型比賽裡可以打破紀錄，但是在奧林匹克選拔賽裡從來無法打破紀錄。參加奧林匹克的選手，不但是最優秀的運動員，而且需要是**在壓力之下還能夠表現良好**的運動員。

讓孩子參加不會受到壓力影響的競爭活動。例如送件參加的美術比賽、寵物選美比賽、長途賽跑、爬山等等。

讓孩子參加不需要競爭的活動——跟你一起在車子裡唱歌、在家裡演話劇給家人看。孩子不需要參加兒童合唱團或是劇團才能做這些活動。如果因此發現了某種天賦，你可以繼續鼓勵他，但是，享受過程永遠比獲得專業能力更為重要。

◆深刻的內在反應

一旦熟悉環境，刺激最終會消失，但是在一開始的時候，刺激可能越來越強烈。高度敏感兒童不但會更徹底的處理資訊，對於這些資訊的反應也更強。情緒越強，越會想像後果，就越受影響。這意味著更多的快樂、喜悅、滿足、幸福及極樂，也意味著更多的痛苦。

這些反應在嬰兒期就開始了，即使他們還不會說話。年紀大些的孩子能夠用語言表達情感，但是不一定能夠意識到自己的情感——我們都會壓抑不合時宜的感覺。這些壓抑下來的感覺會以生理現象或是錯置的情緒冒出來。常見的典型例子就是孩子看起來很高興家裡添了新的弟弟妹妹，但是可能忽然很怕被狗吃掉，或是害怕上廁所。成人可以讓孩子藉由遊戲來表達自己，例如讓一隻大狗吃掉一隻小狗，然後誠實討論各種不同的情緒，包括憤怒。接著討論家裡有新的弟弟妹妹時，做為兄姊的孩子常會有什麼情緒。讓孩子明白有些情緒只是說說而已，我們不會真的去做某些情緒引起的想像，但是，有這些情緒和想像是正常的現象。

即使不是負面情緒，高度敏感兒童也不輕易讓外界看到他們波濤洶湧的內在生命。70%的高度敏感兒童屬於內向的孩子，喜歡把心事放在心裡。

高度敏感兒童往往無法容忍不公平的事情、衝突或受苦。例如，他們可能對雨林流失、種族不平等、虐待動物感到深刻的哀傷。他們通常會事先看到惡劣的後果。他們看到別的孩子被欺負的時候會特別受不了。父母吵架的時候他們可能會吃不下飯。所有的孩子都會有類似反應，但是他們的反應會更強。

有些高度敏感兒童可以發展出強有力的情緒自我管理。文化和家庭對這一點的影響很深。通常，我們不需要教高度敏感兒童管理情緒。他自己會知道。例如，家長如果害怕自己或孩子的情緒太強，就會避免表達情緒，孩子就會學習到「情緒最好不要表達出來」。第7章會討論如何處理強烈情緒。以下是一般性的建議：

- **想想自己如何處理情緒以及你希望孩子如何處理他的情緒**。想想每種情緒：哀傷、恐懼、愛、快樂、憤怒、興奮。你自己成長的時候，有哪一種情緒不被允許呢？你是否在用同樣的方法教育自己的孩子呢？

閱讀關於情緒智能（EQ）的書。例如，先傾聽孩子的情緒，不要先管教他的行為，教孩子找到可以安慰自己情緒的方法，瞭解他的情緒線索，幫助他認識自己的情緒。

跟孩子討論情緒。這些孩子特別需要談論他們的情感，瞭解是什麼原因引發這些情感的，他們才比較能夠控制內在風暴。可以跟他們談談你自己如何處理類似經驗。

努力「包容」孩子的負面情緒，直到孩子可以自己處理為止。最理想的就是找個安靜的地方，讓孩子盡情表達情緒，而你自己保持平穩、不防衛。你的態度應該是：「跟我多說一點，還有呢？」讓他完整表達，才可能瞭解到底發生了什麼事情，同時也讓孩子完整的感受內在情感，不用一個人獨自承受。你要陪他一起承受，直到有一天他可以獨自承受為止。第7章會詳細討論這個部分。

覺察、配合孩子的正面情緒。你需要覺察並尊重孩子的負面情緒，同樣的，你也需要覺察並尊重孩子的正面情緒。不要摧毀孩子的快樂，不要說：「如果你心情這麼好，何不去好好收拾你的房間？」

過度刺激會加強所有的情緒，尤其是負面情緒。好好睡一覺以後，很多情緒就會消失了。如果熬夜討論這些情緒，可能反而過度刺激孩子。記得說：「先睡一覺再說，好嗎？」

如果某種情緒延續了好幾天，你可能就需要尋求協助了。包括憂鬱、沮喪、焦慮、憤怒，以及快樂到失眠的過度興奮狀態。你可以跟專家私下談談，試圖瞭解這些情緒的背後原因。

◆覺察別人的情緒

人類是社會性動物，如果能夠注意細節又有強烈的情緒，那麼，你就很容易瞭解別人的情感。這會讓人充滿同理心、直覺強、有領導力、懂得如何滋養任何東西、懂得親密關係何時需要養分。

這種覺察力從嬰兒時期就已經開始了。所有的嬰兒都會覺察照顧者的情緒，因為他們的生存就靠這個，高度敏感兒童的覺察力更強。統計顯示，40％的家長童年時缺乏安全的連結，必須學習如何給孩子安全感。第6章會深入討論這一點。

對於年紀大一點的高度敏感兒童，最大的問題之一是：即使別人還不知道，他們就已經覺察到別人的情緒。大家常常為了保持社交禮貌，否認自己在害怕或憤怒，以避免尷尬。有時候，大家根本沒有覺察到自己在否認。「我沒有生氣啊！」「我一點都不怕。」但是高度敏感兒童會覺察到細微的訊息，甚至對方身體釋放出來的氣味。這時，孩子必須假裝不知道，還要聽對方與事實相反的聲明。有一位女士就說，小時候數次跟她的好朋友之間有嫉妒和競爭的問題，她的朋友都否認了，直到成年以後才承認。在這之前，這位女士一直以為自己一定是瘋了，這一切都只是她的想像。

如果你能夠誠實面對自己的情緒，對孩子有很大的幫助。

同樣的，不要跟孩子說：「不要擔心別人怎麼想嘛，別人根本就沒有注意到你！」對於高度敏感兒童，這些話缺乏說服力，他自己就會注意到別人的每件事情啊，而且他也會注意到大家真的在不知不覺中互相比較。如果孩子很有信心，他會假設大家是用欣賞或接受的態度注意他，於是釋懷。第5章會深入討論這一點。

關於同理心，如果高度敏感兒童受到過度刺激，可能會暫時無法注意到別人的需要。如果你的孩子總是對別人不敏感，或是不親近，就不是過度刺激的問題了，而是有其他問題。

因為覺察力高，高度敏感兒童可能為了避免別人（或自己）情緒受到刺激，而把別人的利益擺在自己的利益之前。這通常是不自覺的，而且不是每個人都這樣。有些孩子也可能很積極、勇於發言、要求很多。如果你的孩子總是退讓的話，他可能覺得退讓比較簡單，想要避免對方的憤怒或批判。要如何把這種覺察力轉化成孩子的資產呢？我們在之後的章節裡會深入討論，以下先列出一般原則：

- **要瞭解你如何覺察自己對別人的感覺。**如果你對別人的處境毫無所覺，或是毫無反應，你的孩子就會無法分享他的感覺，而且會比較不尊敬你。如果你否認自己擔心別人如何看待你，你的孩子就會覺得自己有所不足，或是像你一樣擔心。因此，好好想一想，和孩子分享你如何解決這些問題。例如，聽到某個大災難發生時，孩子可能希望知道為什麼會有這種事情發生，也會希望知道自己能夠做些什麼。

- **教導孩子可以做些什麼**。例如和孩子一起坐下來討論要捐款給哪個機構。也可以討論什麼事情不具有建設性，例如一直幫不幸的人感到哀傷。我們必須學會「盡人事、聽天命」。總是會有一半的人贊同你，一半的人批評你。既然如此，那還不如做自己想做的事情，不管別人怎麼想。你無法讓每個人都滿意。

- **檢視一下你如何平衡別人的需要和你自己的需要**。想一想你自己拒絕別人要求或不在意別人批評的能力。你的孩子會模仿你。

- **教導孩子，讓他明白自己有權利拒絕別人或不理會別人的意見**。如果他總是幫助別人或總是取悅別人，因此疲憊不堪的話，對誰都沒好處。我們只能盡力，無法照顧到一切需要照顧的人，我們也不應該為此失眠。

- **小心不要跟孩子分享過多的煩惱或批判**。高度敏感兒童可以成為很好的朋友、知己、諮商師，尤其對於孤單無助的單親家長而言。但是即使是最有智慧的孩子，也無法承受這種壓力。孩子還在學習面對複雜的世界，他需要從你這裡得到力量，而不是支持你。當孩子聽到你批判別人時，他會更加負面。

讓孩子自己做決定，孩子可以因此更覺察他自己的需要和喜好。即使孩子學得很慢，或是你覺得他應該做出怎樣的決定，還是要問他的意見：「你要吃餅乾還是麵包？」「你比較想去同學家還是約同學來我們家？」如果他的需要和其他需求有衝突、如果他的選擇惹某些人不悅、如果有人說他的選擇很愚蠢，告訴你的孩子：如果對方是好意、聽起來有道理的話，他可以考慮一下別人的意見，但是他有權利聽從自己的需要和意見，從自己的經驗中學習。

讓每個家庭成員的心聲都有機會表達出來，並一視同仁的給予尊重。每個人都彼此給予同理心，而不是給某人特殊對待。一位母親讓孩子輪流當「領袖」。姊姊珍妮當領袖的時候，她可以坐在前座、接電話、第一個拿甜點、蹓狗，或是任何她喜歡的特權。第二天輪到弟弟蓋瑞當領袖，可以享有各種他喜歡的特權。在當領袖的日子裡，孩子知道自己要什麼、可以得到什麼，而不用考慮別人。對於高度敏感兒童，這是很棒也很重要的經驗。

◆在可能有危險的新環境中，行動之前很謹慎

在新環境中，高度敏感兒童必須仔細觀察之後才可能融入。不敏感的家長可能感到非常

挫折。對家長而言，海就是海，沒什麼大不了的，小孩子本來就應該喜歡海的嘛。可是這些孩子就是需要先觀察。如果被逼著去，孩子可能會抗議、無法開心玩或乾脆拒絕。

然而，這個特質也可以是優點。這些孩子比較不會從樹上摔下來、迷路、被車撞到、抽菸、被綁架或被壞人利用。你只需要告訴他們有危險，他們就會一直檢查是否有危險。青春期尤其如此。他們會安全駕駛、不輕易嗑藥、不濫交、不犯法、不交壞朋友。

當然，高度敏感孩子在新環境中也不見得都會小心。第1章提到，每個人腦子裡都有「停下來檢查」和「勇往直前」的系統。高度敏感兒童都有很強的「停下來檢查」的系統，但是這兩個系統獨立存在，有一不一定有二。有些孩子兩個系統都很強。他們很謹慎，也很愛探險。我提到過喜歡騎摩托車和跳傘的安，其實她非常謹慎，事前做足了安全考量，事後也需要大量安靜的時間來讓自己復原。恰克像猴子一樣喜歡爬樹，並且熱愛滑雪，但是他從來沒有骨折過。為什麼呢？他總是事先仔細探查過樹幹和山坡。第8章和第9章會討論行動之前總是停下來檢查的問題，以下是一般性的建議：

- **記得謹慎的好處**——看到孩子躑躅不前時，這可以幫助你不要感到失望。
- **從孩子的角度看事情**。你有很多經驗，他沒有。你的個子比較大，狗、海浪和車子相對顯得比較小。你早已經習慣坐飛機了。

提醒孩子他熟悉或經歷過的部分。「這次家族聚會就像上次阿媽過生日一樣。」「海就像是特大號的澡缸，海浪就像你在澡缸裡動來動去弄出來的水花。」「這是蘇珊，你上星期在南西家看過她。」

一步一步來。每一步都要小小的、很簡單，孩子才不會抗議，而且能夠成功。「你不想要的話，可以不用跟大家說話，你就來看看嘛。你可以在那裡玩你帶去的玩具。」過一會兒，你可以跟他說：「跟你打賭喔，如果你帶狗狗去鞦韆那邊，一定會有人問你，這是哪種狗呢。」

提供庇護。「你要的話，隨時可以回房間去。如果有人問起，我會幫你找個理由。」「我已經跟老師說過了，說你可能需要休息一下。」

成功為嘗試之本。高度敏感孩子也想探索，只要代價不那麼高。你可以指出探索的好處，降低探索的危險。「看到你在深水區游泳，像條魚似的，我好佩服喔。想想看，去年暑假你還不會游泳耶。下個星期你就要進國中了。想想看，可以自己選課了耶。我相信不多久之後，你就會在新學校『如魚得水』了喔。」

◆與眾不同——容易引起注意

撫養高度敏感兒童的困難不是來自他們的敏感，而是來自周遭的人如何看待他們的敏感。當我們看到「不一樣」的人時，馬上會加以評判，我們會在心裡決定這個人是否比我們優秀。每個「不一樣」的孩子都需要面對這個現象。除非你的高度敏感孩子非常擅於掩飾，別人會知道他比較注意細節、比較有深刻感受、行動前會先三思、事後一再回想反省。

不過，「不一樣」也有其好處。有些人會認為你的孩子非常棒。從這些人身上，你的孩子可以建立健康的自我形象，當面對其他不懂得欣賞他的人時，會需要很強的自我形象。

確實，在某些文化中，敏感被視為優點和光榮。接近大自然的民族尊崇藥師、獵人、巫師。一項研究觀察中國及加拿大的學齡兒童，發現「敏感、安靜」的孩子在中國很受歡迎，在加拿大則不受歡迎。像歐洲和中國這些重視藝術、哲學、心靈傳統的舊文化可能比美國、加拿大、拉丁美洲這些重視冒險犯難的新移民文化更尊崇人的敏感度。

通常，冒險犯難、充滿攻擊性、衝動、擴張的文化會不斷延伸，用軍隊、經濟力量或文化侵略戰勝比較和平、愛思考、敏感的文化。但是，長久下來，這可能是一場龜兔賽跑。敏感的人和文化仍然可能是最後的勝利者。最有勝出機會的就是那些結合了兩種優點，衝動卻不忘記長期後果的人。我們需要提醒自己無限耗損自然資源的後果、利用弱小族群的後果、忽視教育的後果……如果社會懂得尊重敏感的人，這些令人憂慮的後果就不會發生。這個世界需要敏感的人。第5章會討論如何保護高度敏感兒童不受到偏見的傷害，這裡先列出一些大綱：

檢視你自己對敏感特質的感覺。美洲文化不看重「敏感、安靜」的兒童，你必須有意識的克服這種內建價值。研究顯示害羞的孩子，尤其是男孩，往往是母親最不喜歡的孩子。

跟孩子談論敏感氣質。承認敏感帶來的問題，但也不要忘了提到它的優點。有些家長不敢提到孩子與眾不同之處。但是忽視孩子與眾不同之處不會解決問題，你的緘默比任何話語都更為有力。

如果別人談到你的孩子，你會怎麼回應？事先想好一些正確的、聰明的回應。請參考第5章。你的孩子也可以用這些話保護自己，或是對抗他的自我懷疑。

孩子年紀夠大，比較能夠瞭解文化與人類心理的時候，跟他解釋為什麼人們對敏感有這種反應。讓他知道有些文化欣賞敏感的人。讓他瞭解，因為社會不欣賞敏感，有些人，尤其是男人，會害怕露出這一面，於是變得非常在意。我曾經跟許多「壯男」討論敏感這個話題，他們看起來簡直要精神崩潰了，一直緊張的笑、問不恰當的問題、無法專心。

不要讓孩子得到過多注意、誇讚或同情。有些人會覺得孩子的敏感本身就是件不得了的事情。可是你的孩子天生敏感，他沒有做什麼了不得的事情讓自己變得敏感，因此不應該受到過多讚美，不應該因此覺得比別人優越。同情也是如此，還更糟糕呢。不管怎麼樣，我們生來是什麼樣子，都得用我們手上有的牌好好過日子。

養育高度敏感兒童的樂趣

寫這種書當然必須細數可能發生的問題，但是，養育高度敏感兒童也自有它的樂趣：

任何問題都有光明面。因為你試著瞭解和協助你的孩子，他會非常感激你。他甚至會視你為榜樣。你和你的孩子一起走過一次又一次的危機，發展出非常深刻的相互欣賞。當你協助孩子克服了某種恐懼時，他會獲得無比的自信，你們可以分享令人陶醉的成功時刻。一起發展對策；面對譏笑時，你們會覺得像是親密戰友。

孩子將讓你覺察到更多事物。你會看到更多的美好、細節、社會現象，思考更多以前你不可能思考的人生問題。即使你自己也是高度敏感者，孩子還是可以用他純真的眼光帶給你新的視野。你會尋找更多的答案，會往自己的內在走得更深入。

你們兩個將有更深刻的連結。連結需要兩個人。你需要瞭解，孩子有時候會希望跟你很親近，有時候會需要他的私人空間。

孩子會覺察到你有意與無意的行為，因此會逼得你不得不面對自己。「媽，為什麼你跟她說你喜歡她，可是跟我說你不喜歡她？」「爸，你說你很累了，為什麼現在又在掃地。」

受到妥善教養的孩子長大後可能擁有驚人的情感深度，對各種美好事物都有深刻的體會。他甚至可能表達出來，讓別人也能看到他所看到的寶物。

受到妥善教養的孩子將對世界做出貢獻。高度敏感者擅長觀察與思考，往往成為發明家、立法者、療癒者、歷史學家、科學家、藝術家、老師、諮商師、心靈工作者。他們是掌權者的顧問、社會的先知。他們常常成為意見領袖、協調者。他們是非常棒的家長或伴侶。他們感情豐富、關心社會正義，也關懷環境。

我相信你從自己的經驗中能夠找出更多優點來。所以囉，記得我的座右銘：「如果你想要擁有一個與眾不同的孩子，你必須願意擁有一個與眾不同的孩子。」讓我們開始努力吧。

第3章 如果家長不特別敏感

◇也是一種福氣

不論是敏感或不敏感的家長都應該讀這一章。先做後面關於高度敏感成人的自我測驗，然後跟孩子討論。接下來我們將要討論：身為一個不那麼敏感的成人，養育高度敏感兒童的好處與問題和解決辦法。

高度敏感與你

即使敏感是遺傳氣質，其中一位家長很可能不那麼敏感，甚至兩個人都不敏感。可能家族中有別的人非常敏感。請先做本章最後面的問卷，看看你是不是高度敏感成人。

所有的家長都應該讀這一章，即使是敏感的父母也不見得總是能夠跟孩子一樣敏感。本章內容也可以協助你跟孩子身邊不那麼敏感的人溝通。

父親尤其需要讀這一章，因為男人比較可能不那麼敏感。雖然男女人口中敏感比例相當，但是我們的文化期待男人不敏感，不管刺激、壓力、痛苦到什麼程度，都要很有男子氣概的忍受下來。我的研究顯示，養育高度敏感兒童時，父親的角色特別重要，因為傳統上，父親必須教導孩子如何面對外面的世界。

高度敏感和尋找新奇

非常喜愛尋找新奇事物的人具有強烈的「行為啟動」系統（請參考第1章）。這些人往往喜歡身體刺激、容易感到無聊、喜愛探索。例如，他們寧可去陌生的地方而不要他們去過而且很喜歡的地方。旅行的時候，越陌生的國度越好。他們會嘗試嗑藥，不喜歡墨守常規。

我們可能既敏感又喜歡新奇，這時，喜歡新奇的個性會讓你看起來不那麼敏感，因為不敏感的人和喜歡新奇的人都會比高度敏感者更容易進入新狀況，雖然這兩種人的內在驅動力並不相同。喜歡新奇的人是為了追求新經驗，不那麼敏感的人則是根本不在乎，不先想好就採取行動了。

如果你是既敏感又喜歡新奇的人，你會容易感到無聊、總是想要嘗試新經驗，卻又容易受到過度刺激。你會看起來簡直是在跟自己作對，總是做各種讓自己承受不了的計畫，把自己弄得累個半死、壓力太大，甚至生病。如果你一直無法控制自己追求新奇的慾望，又這麼敏感，你會把自己弄出慢性疾病來。喜愛新奇的人會熱愛旅行，如果他們也很敏感，就會很快的油盡燈枯。你需要弄清楚如何管理這兩種個性，同時教導孩子如何管理自己。

當孩子與你氣質非常不同時

如果你和孩子氣質不同，一定要特別注意我現在要說的話。

首先，不敏感的家長和高度敏感兒童可以相處愉快。第2章談到互相配合，強調家長和孩子不需要具有相同氣質才能相處，事實上，氣質不同有其優點。互相配合指的是：某些文化、家庭和家長特別適合支持某種氣質。如果家長發現和孩子之間配合得不太好，現在可以開始試著調整，適應彼此。

適應意味著：首先你得意識到自己需要改變。身為不那麼敏感的家長，你可能習慣和不敏感的人相處。因此，第一步就是接受孩子的特異性，這是他真實的樣貌，不是假裝，也不是他在操控你，更不是你把他寵壞了。

接受孩子的關鍵在於正視高度敏感特質的優點。更重要的是承認自己覺得奇怪、令人挫折和失望的部分，以及因為孩子的氣質而錯失的經驗。你需要哀悼這些失落，你無法送這個孩子去夏令營、看不到他當球隊隊長的一天、家裡電話不會響個不停。但是你會有其他的愉快經驗。有得必有失。你必須接受失去的部分。沒有人能夠擁有一切。

只有當你接受了這些限制，走過了哀悼的過程，你才真正開始解決問題，才能發揮創意協助孩子。否則的話，部分的你會持續抗拒接受自己的孩子，你對任何建議都會說：「對啦，可是……」「對啦，可是他不肯啊。」「對啦，可是我做不到呀！」

藍道不喜歡去別人家玩，因此朋友不多。他很喜歡打棒球，卻不喜歡陌生的教練，媽媽瑪莉蓮只好下場當教練。這位媽媽不那麼敏感，她花了很多努力學習配合孩子，成效極佳。

◆男孩子不能寵？

瑪莉蓮喜歡衝動行事，她的丈夫則很謹慎。藍道打從出生就像他爸爸一樣，非常敏感。嬰兒時期，他只肯吃很少幾樣食物。幼兒時期，他喜歡站在旁邊觀察。瑪莉蓮工作繁忙，藍道的保母很疼他。一切都很好，瑪莉蓮說：「他從來不哭。」

藍道大一些以後，瑪莉蓮希望讓他去幼兒班。她下午兩點下班回家，帶他去幼兒班。這時候藍道會又哭又叫，一定要媽媽留下來。除非媽媽陪著，藍道不肯去別人家玩。他痛恨生日宴會，瑪莉蓮總是得提早帶他回家。

最困難的是，藍道不讓別人親他、抱他。他很有愛心，可是就是無法忍受別人那麼接近。瑪莉蓮非常失望。他這樣正常嗎？瑪莉蓮非常擔心，盡力不去想兒子和她個性上的差異。

藍道上幼兒園大班的時候，瑪莉蓮再也無法逃避了。開學前一年，她就經常帶藍道去學校玩。第一天上學的時候，藍道還是嚇壞了。之後的每天都是如此，這時瑪莉蓮決定改成兼職，以便親自送孩子上學。親友都覺得她太寵孩子了。過了六個月，藍道在班上才說出第一句話。這到底是怎麼一回事？

幸好，藍道的老師瞭解。比德森老師瞭解敏感兒童，她自己就很敏感，也教過許多敏感兒童。她讓藍道慢慢適應，跟瑪莉蓮說藍道很正常，只是很容易被噪音、陌生人、意外嚇到，需要比較多的時間適應。她提醒瑪莉蓮，因為她自己的個性，她必須特別注意藍道的焦慮，要相信藍道，不要逼他。

直到一年後，藍道才真正放鬆下來。現在他念四年級了，很喜歡上學。他非常努力，老師都很喜歡他。這些都要感謝比德森老師。

現在，瑪莉蓮說藍道是個「非常棒的孩子」。他很瞭解自己，能夠跟媽媽說他需要什麼，媽媽會傾聽他的需求，支持他。瑪莉蓮讓他知道，喜歡待在家裡讀書沒什麼不好。他很友善，喜歡上學，但是不喜歡參加課後活動。

瑪莉蓮以前以為：身為家長，自己的任務就是鞭策孩子、逼他克服恐懼，她覺得如果「溺愛」孩子，就會鼓勵孩子的「病態行為」。現在她知道自己大錯特錯了。她的任務是瞭解孩子、保護孩子、鼓勵孩子，同時堅持該有的行為準則。

例如，她跟親戚說藍道不喜歡擁抱和親吻，但是她會堅持要藍道和人握手，禮貌寒暄。這是他們一起商量出來的折衷之道。

回想以前，瑪莉蓮說：「我不那麼敏感，我們常常無法配合，壓力很大。」現在，瑪莉蓮和藍道顯然走對了方向，這才是最重要的。「我提醒他，我可能還是會犯錯，但是我願意努力傾聽他的想法、願意配合。事實上，我都是聽他的話，他很少出錯。」

瑪莉蓮覺得藍道的爸爸也是高度敏感的人。藍道正在跟爸爸學高爾夫球，高爾夫球很適合高度敏感者，必須考慮許多因素，衡量一切後打出去。瑪莉蓮承認自己一直希望藍道可以參加某種球隊，但是她學會了讓藍道決定要學什麼。

◆家長不敏感的諸多優點

如果你不那麼敏感，孩子還是會從你這裡得到許多美好的經驗。

你會讓孩子擁有更多探險經驗！瑪莉蓮讓藍道參加的某些活動，是藍道自己不會去嘗試的活動。結果發現他確實喜歡打棒球。棒球滿適合高度敏感者，因為它比足球或籃球慢，也比較不粗魯，需要觀察更多細節。

不那麼敏感的家長會帶著孩子去新地方、要求孩子嘗試新事物、讓孩子探險。如果孩子還受得了，並且偶爾有成功經驗的話，就會比較願意嘗試其他新的活動。所有的家長都應該溫和的鼓勵孩子嘗試新事物，有時候需要堅持。不那麼敏感的家長比較能夠逼著孩子嘗試。

你能夠提供孩子更多穩定和平衡。當孩子恐懼、憤怒、哀傷時，你會比較沒有感覺，因此比較能夠安撫他。前提是你能夠瞭解他的感覺，不認為孩子反應過度，不因此而跟孩子生氣。你的冷靜會是最佳示範，他會從你的情緒中學習，以後運用到他自己身上。

你會比敏感的家長更能夠為孩子發聲、保護孩子。爺爺奶奶要擁抱藍道的時候，瑪莉蓮出面阻止。高度敏感的家長可能不想面對衝突，因此無法態度堅決。或者，敏感家長童年可能也有類似經驗，而會跟孩子說：「你就是得忍耐。」

你可能善於溝通，可以直接說出心裡的話，不需要猶豫。這種「我口說我心」的家長，讓孩子看到成人如何思考、如何處理問題。孩子不需要擔心父母什麼都不說，心裡卻在生他的氣。

◆不敏感的家長應該注意什麼？

你會很難相信孩子經驗到的世界與你不同。你可能覺得「不可能有這種感覺」，轉而尋找適合你的解釋。例如，當高度敏感的孩子抱怨時，你可能想「他在假裝」或「她就是要引起注意」。

你會經常覺得不耐煩。你可能不多加思索就能說出心事或採取行動，要你保持耐性確實是個挑戰。不過，耐性是個值得發展的人格特質。

你會太「大聲」。不只是音量本身，也是你選擇的用字遣詞。我們說話的表達強度正是我們理解別人的強度。高度敏感兒童用暗示、手勢、眼神、細節、語氣與人溝通。你的溝通方式對他而言有點粗魯，甚至是粗暴的。他所理解的訊息和你要表達的訊息，或他需要聽到的訊息不同。對他而言，批評、不高興或建議都看起來更嚴重。孩子可能被你的態度嚇到，根本聽不見你說的話。你也可能對孩子有過多的影響力，孩子無法思考或表達自己。

當高度敏感兒童跟你吐露心事的時候，你必須注意要非常溫柔。

你可能有時覺得孩子無趣。高度敏感兒童確實有奇特、深刻而幽默的洞察力。但是他們喜歡安靜，可能不太說話。開車長途旅行時，他可能寧可看著窗外發呆或讀書，也不願意跟你聊天。有些孩子知道你會無聊，於是刻意的娛樂你。但是他需要安靜。

如果孩子不那麼想跟你在一起，或是不希望你碰觸他，你可能覺得被拒絕。你很容易誤以為孩子不喜歡你。孩子大一些以後，跟別人在一起可能比跟你在一起的時候更友善一些。這是因為他覺得跟別人相處必須友善，跟你在一起安全自在，不需要那麼努力。

你可能不知不覺的利用孩子的敏感。我們很容易叫敏感的孩子等一下、聽話、聽你訴苦、幫你做事。他們通常會乖乖的照你的意思做。這對孩子不但不公平，還會造成傷害。

◆怎麼做才好

▼當你無法相信孩子經驗到的世界與你不同時

盡全力瞭解孩子的經驗。你可以請孩子說說自己的經驗，用類似經驗幫助自己瞭解——例如說，孩子衣服上的標籤就像皮膚過敏反應。多認識一些高度敏感成人，詢問他們的童年經驗。也可以和其他有高度敏感兒童的家長談，問問他們如何處理各種問題。

找諮商心理師協助。尋求兒童氣質相關的諮商服務應該會有很大的幫助。

如果老師有經驗，瞭解敏感兒童，詢問他對孩子的看法，以及他如何協助這種孩子。教師接觸過許多兒童，往往擁有很多資訊。

不要因為無法瞭解就隨意給孩子貼標籤。當然，你的孩子可能真的是膽小、懶惰、不在意、反社會、過度敏感、叛逆、愛哭或是跟你作對，但是請勿輕易下這些結論。

不要期待孩子喜歡你小時候喜歡做的事。不要為了孩子「錯過好東西」而過度同情他。

不要過度逼迫孩子。這很重要，你有時必須逼一下，但是前提是你真的認為如果不逼孩子，他將來會後悔。第8章談到如何一步一步的引導孩子進入世界。

不要把你的童年描繪得那麼美好，不要讓孩子感到羨慕嫉妒或自卑。為了說服孩子參加夏令營或足球隊，你可能把這些經驗描繪得有如天堂。你的童年可能很棒、很野、很正常。但是要記得，孩子會有他自己的愉快童年回憶，只是跟你的不同而已。

▼當你覺得不耐煩時

努力！養育高度敏感兒童必須具備耐性。發展一些策略，例如心中默數到十，或是暫時到空房間去發洩挫折。

問問題的時候不要期待孩子會馬上回答。如果不確定，你可以問他是不是還在思考答案。如果你表示不耐，孩子回答的時間會拖得更長。

要給孩子足夠的時間做決定。如果時間不夠，或是你缺乏耐性，就不要讓他做決定。

讓孩子一步一步的慢慢開始嘗試新事物（請參考第8章），如果時間不夠，或你沒有耐性，就避免嘗試新活動。

孩子需要的安全感比你多，也比其他同齡孩子多，請管好你自己的不耐煩。高度敏感兒童就是會怕失火、怕強盜、怕謀殺。他們無法不去想這些可怕的後果。你可能不想一再的查看門鎖，但是如果你願意注意這些細節，生活會愉快多了。第7章會討論如何處理恐懼。

▼注意自己的音量

跟高度敏感兒童說話要調整自己的用詞遣句。訓練其他家人也調整用語。避免嚴厲、突然的問題，以免被誤認為責怪。不要說：「你為什麼要這樣？」

避免可能引起誤解的逗弄或開玩笑。大部分的高度敏感兒童受不了逗弄，即使說話的人沒有意識到，他們也會聽到字裡行間的敵意或優越感。

如果孩子需要教訓，簡單的一句提醒就夠了。不要生氣、說你不愛她了，或其他威脅做為處罰（請參考第5章）。就連罰坐在角落都可能太嚴厲了。

如果孩子不服從，不要誇張後果。不要說：「你為什麼要摘那些葉子？我不是跟你說過了不可以嗎？亂吃樹葉會死掉。」這只會讓他心生恐懼。好好解釋就夠了：「看到那棵植物了沒有？這種植物的花很美麗，可是不要吃它的葉子或花，它們不好吃。我叫你不可以摘葉子，因為你還不會分辨不同的植物，這種植物不能吃，弄到衣服上會洗不掉。」注意自己說的話。如果你的想法很正向的話，就說出來，否則孩子可能以為你在生悶氣，不跟他解釋。不要把心裡的擔憂隨意說出來，否則孩子可能比你更擔心。

不要一直說個不停，免得孩子插不上話。孩子需要想一想你說的話，考慮一下該怎麼回應，結果還沒開口，你就已經改變話題了。記得留些空白時間讓他回話。**討論孩子心事時，記得要用最溫柔、最尊重、最安靜的口氣。**如果你知道自己無法專心聽，請他等一下，等到你可以專心聽他說話的時候再說。如果你隨意回答或是一直分心，孩子可能覺得你不在意，以後有心事也不想跟你說了。

▼避免覺得無趣

做任何活動時，你都可能比孩子更快厭煩。隨身帶些娛樂自己的東西，等他做完。他可能花了很長的時間習慣海水，現在才剛剛開始享受呢。**回過頭培養自己的耐性。**在等待孩子採取行動或回應時，這對降低你的血壓很有幫助。**如果必須長時間待在一起，準備有耳機的隨身聽。**偶爾跟他說幾句話，看他是不是需要跟你說話。

如果孩子很安靜，你可以問問他是否想跟你說話，或跟你一起做些什麼。告訴孩子，你喜歡跟他在一起，但是你也可以自己行動。孩子可能需要鼓勵，或是需要你幫他找個話題。

▼如果孩子希望獨處或不要你碰觸他，讓你覺得被拒絕

相信孩子只是需要隱私、安靜和休息。不要想太多，不要一直要求孩子參與。他需要獨處，比你需要他的陪伴更為重要。你必須努力不覺得自己被拒絕、不要批判孩子，甚至不要

顯得吃驚。

視自己為孩子的保護者，你得保護孩子不受到你的需要或個性的傷害。別人也會想要親近你的孩子，你可以幫孩子跟家人解釋，為什麼他不能多待一會兒，或是為什麼他無法參加某個家族聚會。

在一起的時候，盡量高高興興的提供孩子所需。照顧孩子、滿足他的需要、讓他能夠休息。仔細觀察他需要什麼。如果他感覺到你其實並不喜歡提供服務，他就不會提出要求。但是他的需求會從別處冒出來，像是度假的時候生病、做惡夢或睡不著。如果你能夠更細心體貼，孩子會比較快樂，也比較喜歡跟你在一起。

觀察孩子疲倦或過度刺激時釋放出來的訊息，學習在他崩潰之前就讓他停下來。請參考第6章。孩子可能比你早就先累了，所以你必須仔細注意。這樣一來，是你主動喊停，而不是被他拒絕。

不要想從孩子身上擠出資訊來。即使你做得到，也會惹火他。談話要有所保留，表示興趣，但是不逼迫他。我的兒子喜歡晚睡，睡前喜歡跟我說一天裡發生的事情。這些談話讓我瞭解他的生活。

如果孩子不喜歡肢體親熱、不親近人、不喜歡聊天，請保持溫和的接觸，不要批判他。可以試試不同的方法——他可能比較喜歡你輕拍他的肩膀。一起做活動可能比聊天更適合。

即使孩子不喜歡跟人親近，也會喜歡知道你愛他。

先問：「可以擁抱你一下嗎？」「你想要牽手嗎？」「親一下再去睡吧？」不要忽然嚇他一跳。不論他說可以或不可以，都要自然的接受，不要大驚小怪。很多家長發現，先問一聲，孩子往往比較願意跟他們親近。

等到孩子能夠放鬆下來，可能已經累了。如果他不理你，表示他夠信任你，知道你會瞭解並接受他的疲倦。

鼓勵孩子用其他的方式表達情感——他可以送禮物或寫張便條。

不要放棄肢體親近。保持簡短輕柔。趁著玩遊戲的時候握握手什麼的。問孩子他喜歡怎樣、不喜歡怎樣的接觸。

如果你和孩子性別不同，要考慮到孩子是否正處於在性議題或性衝動上很尷尬的年紀。孩子無可避免的會受到別人和媒體中各種性訊息的強烈影響。他們知道有些成人與兒童之間有不合宜的性接觸。你的肢體語言要清楚表明你們之間的界限。例如說，在年紀幼小的孩子面前，父母可以赤身裸體，但是孩子年紀大了之後，這樣做就可能讓孩子感到困惑、受侵犯或過於刺激了。

▼注意不要利用孩子的敏感

特別小心不要讓任何人將你的高度敏感孩子當成諮商師。高度敏感兒童天生就是最佳傾聽者，具有強烈的同理心，他們的朋友甚至身邊的成人都會對他傾吐心事、祕密、恐懼。教導你的孩子如何劃清界線，轉換話題。分享應該是雙向的，而不是負擔。告訴孩子，如果別人真的有困難，他們應該找專業協助，不是找他。如果有人讓他覺得負擔太重，他又不知道怎麼辦的話，一定要來找你。

必須私下徵得孩子同意以後，才可以對別人炫耀他的能力。大部分的高度敏感兒童不喜歡受到過多注意。他們會懷疑這些人的動機。如果是有表演性質的活動，即使只是跟陌生人談話，孩子都可能因為壓力而表現不佳，他會自責。

家務事的分工或犧牲必須公平。問問孩子的想法，仔細聆聽。高度敏感兒童很容易受利用。何況，研究顯示，即使分工完全一樣，每個人都覺得自己做了70％的工作。孩子可能不抱怨。討論一下，徹底的解釋清楚，否則他很容易覺得自己是受害者。有時候，他們確實做了太多。當你有需要的時候，避免總是找那個最能夠瞭解你的需要、最願意幫助你的孩子。家裡別的人或許更需要學習付出，磨練性格。

◆當孩子完全明白你的弱點

高度敏感的孩子非常擅於察覺別人的弱點和細微的、不明顯的、我們自己都忘記的潛在自我。高度敏感的家長具有相同特質，因此瞭解孩子嚴格而精準的眼光。不敏感的家長比較不會覺察別人的弱點，可能會認為孩子過於具有批判性了。

高度敏感兒童小時候容易對父母感到失望，因為他們能夠察覺父母的缺點。他需要討論自己觀察到的現象，而不用擔心會破壞了你們的關係。事實上，這正是身教的大好機會，你可以讓孩子看到你如何面對批評，如何能夠不完美而仍然好好的活著。

所以，聽到他對你的批評時，不要變得防衛或受傷：「如果店員算少了，你為什麼不補上差額？」「我還以為你說你要節食呢。」「時速限制是四十五公里，你為什麼開五十公里？」……他們可能讓你覺得不舒服，但是記得：每個人都有缺點。不用太在意。如果你無法冷靜面對，就要求自己暫時靜一靜，想一想孩子說的有沒有道理。然後回來勇敢承認自己的錯，或是跟他解釋。這會是最好的身教。

但是讓孩子知道，吵架的時候，要就事論事，不可以做人身攻擊。例如說：「你說謊，你報稅的時候就說謊，我聽到你在電話裡說的。」「或許我作弊了，可是你玩遊戲的時候也會作弊呀。」這種時候說這種話，會破壞雙方彼此的信任。

每個人都需要自由表達自己，才能成長，高度敏感兒童尤其需要練習如何表達和接受批評。大家需要保持冷靜，願意協助彼此，願意分享、回饋、自覺。一起到野外散步或晚上開車兜風很有幫助。

你可以試試以下活動：每個人列出三件自己很喜歡對方的事情，不要說「你是個好孩子」，要具體的說「我知道你對我很好」。也寫出一件你不喜歡他做的事情，例如：「我不喜歡你不敲門就進我房間。」請注意，句子要以「我」開始，接著描述情緒和具體的事情。

◆和孩子一起奮鬥

我一直在強調你必須有耐性、尊重孩子、溫柔點……但是，孩子也需要學著跟不敏感的人相處。大部分的人都不夠敏感。孩子年紀小，成人要多多照顧他，可是漸漸大了之後，他也需要學會適應別人、體貼別人。如果你不那麼敏感，他可以用你做實驗和練習。孩子將學會瞭解你的個性，以及其他人的個性。

藍道瞭解瑪莉蓮。他知道瑪莉蓮不會害怕，他學著接受她喜歡冒險的個性，雖然他會擔心瑪莉蓮的安危。他也表示羨慕瑪莉蓮的無懼。瑪莉蓮會提醒他，做為不那麼敏感的人，她必須學著控制自己的衝動。每一種個性都有它的優劣。

高度敏感兒童也需要提高自己的表達音量。如果孩子暗示你，他寧可不去爬山而是去沙灘玩，你卻沒有聽懂，溫和的提醒他，這不是任何人的錯，就像玩拋接球，需要雙方配合。下次他再有任何意見，就要學會表達得更清楚、更強烈，這樣你才會聽得懂。

孩子需要練習凡事先想好，免得別人等他做決定等得不耐煩。隨著孩子越來越大，你可以適度表達一些不耐。如果孩子總是插不上話，你們可以事先討論，計畫好要聊些什麼，讓他有準備。

最後的提醒

瞭解不同的真相——不論是氣質個性、文化、人生哲學或宗教——我們可以無須自慚的彼此深刻尊重。這大概是教育、旅行和親密關係所能給我們最好的禮物了。我們學會謙虛，知道沒有人是絕對正確的。這些都是人格的基礎。你會得到無法取代的智慧。因為你和你的孩子天生氣質不同，面對世界的方式不同，這是你們可以給彼此的最珍貴的禮物。

你是不是高度敏感？——自我測驗*

根據感覺回答下列問題。正確或部分正確請在□中打勾；不正確或完全不正確則不需勾選。

□ 1. 我會注意到環境中的細節。
□ 2. 別人的情緒會影響我。
□ 3. 我對痛很敏感。

□ 4. 日子忙碌的時候，我會需要一個人躲在床上或黑暗的房間裡一會兒，減少刺激。
□ 5. 我對咖啡因很敏感。
□ 6. 我容易被亮光、強烈氣味、粗糙的布料或警報器困擾。
□ 7. 我的內在生活豐富多元。
□ 8. 我不喜歡大的聲音。
□ 9. 我會被藝術或音樂深深感動。
□ 10. 我很有良知。
□ 11. 我容易受到驚嚇。
□ 12. 有時間壓力時，我容易失控。
□ 13. 如果有人被環境弄得不舒服，我知道需要採取什麼行動，例如改變光線或座位的位置。
□ 14. 如果要我同時做許多件事情，我會心煩。
□ 15. 我努力不做錯事情或不忘記事情。
□ 16. 我刻意避免看暴力電影和電視節目。
□ 17. 身邊有很多事情同時進行時，我會很不舒服。
□ 18. 生活裡的改變讓我心情不穩定。

□ 19. 我能夠注意到很微細的氣息、味道、聲音和藝術品，並且很享受它們。

□ 20. 我刻意安排我的生活，以減少讓人不高興或過度刺激的情況。

□ 21. 我必須和別人競爭或被人觀察時，我會變得很緊張，表現會比較不好。

□ 22. 小時候，我的爸媽或老師覺得我很敏感或害羞。

◆計分

如果勾選了12個或12個以上的選項，你可能是高度敏感者。

但是沒有一個心理測驗能夠完全準確，你不應該過度相信測驗結果。如果只勾選了一兩個項目，但是這一兩項極為正確、極有代表性，你仍然可能是高度敏感者。

第4章

如果家長也是高度敏感

◇家中其他成員氣質如何呢？

本章前半部討論家長和孩子都高度敏感的優點、問題與解決之道。後半部討論其他家人的氣質，如何讓家人互動發揮最佳效益，如何運用氣質創造整個家庭的正向改變。

我自己就是高度敏感的人，這一章假設讀者也是高度敏感者。我們常會遇到兩種困難：時常受到過度刺激，以及必須為自己站出來申辯。這本書談的是孩子，不是成人，所以我不打算在這個議題上多做著墨了，但是我們需要想一想，家長的感覺會如何影響孩子，尤其是高度敏感的孩子。

我們是很棒的父母。我們更能感受孩子的需要，知道該怎麼做才好。我們對語言感覺敏銳，溝通時往往比較接近孩子的想法。我們比較瞭解孩子的擔憂和問題。

但是，我們可能早上醒來，根本不願意面對新的一天，因為我們不想為這個難養的孩子負責。我們常常跟別人比較，無法欣賞自己。別的家長似乎更有活力、更有耐性、更有資源。他們似乎不需要逃避家庭責任，去休息一下。如果他們休息，似乎也不像我們一樣自責。

身為家長，同時又是高度敏感的人，我們的任務真的很困難。我們需要獨處，但是帶孩子的時候很難獨處。如果還有自己的事業、年老的父母或其他責任呢？一夜好睡、獨自創作、在野外一個人走走、靜坐、祈禱都是奢想。別人或許還可以忍受，我們則會枯萎。

兒子出生後，我讀到一篇文章〈親職地獄——別人都不事先跟你說！〉我的一顆心直往下沉。這是真話，為人父母真的像活在地獄裡，而且從來沒有人事先給我任何警告。

還好，我的丈夫很願意幫忙，一半的時間都在家裡。他不那麼敏感，但是非常聰明，總是幫我想出解決辦法。有一次他必須出門一整天，他在廚房地上放了很多玩具讓兒子玩，我踩著梯子坐到冰箱上面，看不到一歲多的兒子，可以獨自一個人安靜一下。如果把我兒子放在遊戲床裡，他會一直哭。讓他在廚房跑來跑去，即使看不到我，他也能玩得很開心。我坐在冰箱上頭，可以花幾小時閱讀、寫作，他都不會來吵我。這真是一個奇特而有效的辦法！

高度敏感的家長從養育孩子的過程中能夠得到什麼？

我絕對不願意錯過為人父母的樂趣，因為我很愛我的兒子。我第一眼看到他就愛上他了。孩子的童年大概只有十年，之後的幾十年，他都可以是你的朋友。

高度敏感家長還有其他收穫：我們的人生得到更寬廣的視野、更深刻的體認。一位家長說：「有孩子之前，我總是很退縮。有了孩子，我不得不進入社會，因此完全改變了我。」毫無疑問，孩子讓我們經驗更多事情、認識更多人。我們會為了孩子做我們平常不敢做的事情。另一位敏感家長說：「這是我一生中最重要的學習，孩子是我最好的老師。」

首要任務——保持自己的穩定

顯然的，家長和孩子都高度敏感時，有其獨特的問題。

高度敏感兒童會受到家長情緒的強烈影響，家長必須設法保持冷靜、快樂、健康。這樣一來，你的情緒才會穩定，孩子也才會穩定。相信我，養一個健康的孩子比治療一個不健康的成人來得容易多了。因此，好好照顧自己不是自私。好好照顧自己其實就是在體貼孩子。

你和孩子都高度敏感時

你和孩子都高度敏感的優點：

你瞭解孩子的經驗。你會煮簡單的食物、把衣服的標籤剪掉、瞭解為什麼孩子不肯看恐怖電影、知道何時該給孩子一點壓力。

你有處理相似問題的實際經驗。你可以跟孩子描述實際狀況和細節，讓他知道你如何處理過度刺激，或是別人說你太敏感的時候，你都怎麼回答。你也可以誠實的告訴孩子，看起來非常困難的事情最後可能結果很好。

只要你喜歡自己，就可以提昇孩子的自我形象。我會在下一章討論到，高度敏感兒童不容易擁有健康的自我形象。但是，如果你已經能夠正面看待自己的敏感，那麼，孩子將從你這裡得到自信。

高度敏感兒童喜歡思考的問題，你會知道如何回答，或至少有類似經驗。你會知道如何聆聽、討論，甚至給他有用的參考資訊。

你的「音量」會剛好合適。我在上一章已經說過，我們聽到的音量就是我們表達的音量——嚴厲與否、堅持與否……等等。敏感的人通常會很溫和的溝通，用比較小的「音量」，謹慎使用口氣、問題和靜默。他們瞭解手勢、細節、暗示。

一般而言，因為你的音量和孩子相似，溝通將比較容易。我兒子二十七歲時終於決定要學開車了。他要我教他。大家都說媽媽教成年兒子開車會是個大災難。我們沒問題，因為我完全瞭解他所面對的狀況，知道什麼時候要開口提醒他、指導他、鼓勵他，或是保持安靜，讓他專心開車。他也知道我很緊張，對我很支持、很感激，而不是抱怨我教得不好。

對於食物、美感、休閒，你們的興趣和品味相近。每個時代都有獨特的流行文化，但是同樣身為高度敏感者，你和孩子可能有更多的共通處。許多敏感家長說，他們也喜歡簡單的食物，和孩子之間從來沒有任何問題。不那麼敏感的家長則會抱怨很多。

◆居家無礙

敏感的卡琳有兩個敏感的孩子。她說她是被「扯進」母親角色的。卡琳醫學院快要畢業的時候懷孕，孩子一歲半的時候死了。再度懷孕時，她決定要待在家裡親自帶孩子。

卡琳知道，敏感的孩子需要一個有秩序的家，才能保持冷靜。她的孩子都養成了隨手把東西歸位的習慣。卡琳也立誓不對孩子大聲吼叫，即使只是從樓下往樓上叫喚他們。她的孩子也從來不吼來吼去。

卡琳瞭解孩子需要休息和安靜，喜歡比較安靜的社交生活。她從來不會因為他們不肯去夏令營就說他們是害羞或膽小。她也能注意到他們細微的差異——葛勤比較受得了活動，賴瑞的時間安排必須很鬆。

最重要的是，卡琳的做法不但減少孩子的壓力，也減少自己的壓力。她不是定時開飯，而是總準備了他們愛吃的食物，讓他們隨時可以餵飽自己。她從來不逼他們吃不想吃的食物。他們喜歡吃一樣的午餐，她就幫他們準備一樣的午餐：兩個蘋果、兩個花生醬三明治、礦泉水。一點也不麻煩。

同時，卡琳盡量以孩子的需要為第一優先。孩子若是累了、餓了或不高興了，卡琳就會立刻照顧他們。但是她的孩子知道，媽媽也有她的極限，懂得尊重她。卡琳說：「我的孩子很好相處。」

你可能喜歡不一樣的風格。我就喜歡每天至少有一頓飯是全家一起坐下來吃的。但是我覺得卡琳很有創意，懂得運用敏感者的特質來教育孩子——體貼、喜歡安靜。她的建議是：「考慮一下，你的孩子可能很敏感。你需要質疑每一件『本來就應該這樣』的規矩，用你自己的方式養育孩子。」

◆高度敏感家長特別需要注意的地方

你的父母如何養育你，你就會這樣養育孩子。你可能很想用不同的方式養育孩子，但是過猶不及也很危險。我們可能只是在投射，滿足我們小時候的渴望，而看不到孩子真正的需要。比如說，假如你小時候非常怕看醫生，於是在帶孩子看醫生的時候給孩子過多的鼓勵和獎勵，結果孩子的就醫經驗雖然很好，心中難免會懷疑：看醫生一定有些他不知道的危險，否則為什麼需要這麼多的麻煩？

如果你做錯了什麼，大概就會是過度保護孩子。許多高度敏感的家長埋怨自己的父母給他們太多壓力，於是過度保護自己的孩子。當然也有人埋怨自己的父母過度保護自己，害他們錯過許多重要人生經驗，於是盡量逼孩子去嘗試。

孩子嘗試的新經驗可能不夠多。你可能嘗試過溜冰、熱狗、滑雪，結果發現不喜歡。事實上，你可能不喜歡做任何新的嘗試，以免受到刺激。但是這些都是你的人生選擇。如果你一開始就不讓孩子有這些經驗，你等於是讓孩子延續你的人生選擇，永遠不會有機會學習。

孩子痛苦的時候，你也覺得痛苦。這會影響孩子如何面對痛苦。但是孩子需要的是鎮靜而且能夠控制自己情緒的父母，這對你可能很困難。

你可能很難為孩子站出來說話。你可能不習慣提高音量，讓不敏感的人聽懂：「不，她不想要！」但是孩子需要你這麼做來保護他，同時讓他學到如何保護自己。

你可能無法在家庭中表達自己的需要。身為家長，許多敏感的人常常覺得必須把每個人照顧好，否則無法休息。別的家人因此面對一個非常危險的誘惑：如果我不想做這件事，就留著給媽媽做吧。這對孩子的影響並不好。

如果你不喜歡自己的敏感，孩子會受到影響也不喜歡自己。身教重於言教，你瞞不住的，你必須喜歡自己的敏感。

你可能誤以為你們有更多相似處。你可能注意到孩子跟你有多麼相像，可是每個人都不同。我不喜歡看暴力電影，我兒子卻可以看任何電影，只要是好電影，暴力不暴力沒關係。他說：「不過是部電影嘛。」

◆過度認同

兒子跟我在小學階段都沒有多少朋友。我們運動都不好，也不想運動。我們都不夠放鬆，在一群人中不太放得開。我們都有可以約來家裡一對一玩的朋友。有一天，我跟他說，他一定像我一樣，覺得自己被其他孩子排斥、覺得自己不夠好。我以前就是這樣，所以我一直以為兒子也是這樣。但是他說，他不喜歡那些孩子，他覺得他們很無聊，覺得自己沒有毛病。他們無法欣賞他的幽默是他們有問題。

我的腦子一下子當機了。我把自己的自卑投射到兒子身上了，而且還跟著又痛苦了一次。他對同學的態度比我的態度健康。第8章和第9章會談到更好的對應方式。我的兒子成年後承認小學高年級和國中是他一生最痛苦的階段。五年級老師叫他們寫作文，題目是「我們為什麼需要朋友」，他把題目改成「我們為什麼不需要朋友」。他的方式可以維持自尊，我卻因為投射，差一點毀了他的自尊。

◆你可以做的事

避免過度認同，熟悉孩子與你不同的人格特質，例如孩子像你另一半的部分。看看別人眼中，你們親子之間的差異。

避免過度保護，讓孩子接觸新經驗，控制你自己的焦慮。要想一想，如果過度保護孩子，他的人生可能充滿恐懼、限制、缺乏技巧、後悔。如果你很焦慮，請尋求專業協助，不要和孩子分享你的恐懼。

如果孩子有興趣，即使你自己沒有興趣，也要鼓勵他嘗試新的經驗。個子矮的孩子也可能很會打籃球，動作笨拙的孩子也可能學會芭蕾舞。成功或失敗的感覺多半來自於老師的態度，以及同學之間的支持或競爭。孩子想學滑雪、騎馬、騎摩托車、參加足球夏令營嗎？你自己或許會害怕，那麼就找個態度友善的教練，把事情交給他就好了。

如果孩子沒有特別的興趣，就讓他多方嘗試不同經驗。你必須努力培養孩子的興趣。你可以和孩子說你很後悔小時候沒有多嘗試，描述自己什麼時候覺得必須準備迎接世界，必須改變，或是分享一下，自己一旦嘗試之後，如何快樂。然後你們可以討論一下，同意每個月做一種新嘗試。如果孩子還是覺得很難做到，要同理他的心情。

如果你因為孩子痛苦而痛苦，請記得更宏觀的生命真相。不論你用哪個宗教的解釋，上帝的旨意也好，業障也好，只要能讓你接受孩子的命運就好。人生很少是公平的。我們每個人生下來都有一些困難需要面對，並從中學習。你的孩子也一樣。你可以提供最好的環境，告訴孩子你如何面對生活的起起伏伏，但是你無法改變孩子的命運。感受另一個人的痛苦，並受到影響，對他一點幫助也沒有。他需要你幫助他超越困難。

學著為了孩子堅持立場。孩子不應該孤軍奮鬥為自己爭取權益。必要的話，去上課練習如何表達意見。如果你覺得自己說不好，事先寫下來、背好或者乾脆看著稿子念。如果事後想起什麼需要補充的話，再回去說出來。如果你無法面對面說，就寄信去。如果你實在做不到，找個人代表你發言。千萬不要讓孩子覺得自己孤立無援，天性害羞就應該受欺負。

在孩子面前堅持自己的立場。你必須先照顧自己，才能好好照顧孩子。而且，孩子應該學習到，別人也有需要。孩子越大越可以體諒別人。記得卡琳的方法：她總是以孩子優先，但是不讓他們要什麼有什麼。她為了孩子保持家中清潔整齊，但是她也省了很多家務事，例如她不在固定時間煮飯。她的孩子很有責任感：他們會收拾東西、不會對媽媽大小聲、整理自己的衣服、準時上床、自動做功課。為了孩子，也為了自己，逐漸增加孩子的責任，要他們對自己的行為、閒暇時間和居家環境負責。

當你無法好好照顧自己時，請記得飛機上的氧氣面罩：先幫自己戴上，再幫孩子戴，否則的話，你如果缺氧昏倒了，根本無法照顧孩子。我兒子小時候，晚餐時間常常吵鬧。我試過各種逗他開心的把戲都沒用。當時我在上靜心課程，老師要求我們晚餐前靜心二十分鐘。我想，好吧，我「必須」靜心，於是決定不理孩子的吵鬧。兒子漸漸的就不吵鬧了。我猜，我們過去都太緊張了。照顧自己就等於是照顧家庭。忽視自己的需要會讓人覺得你是二等公民，孩子的自我形象也會受到影響。

為了你的自尊想像一下：如果你在出生前可以選擇自己的氣質，而且你為了敏感帶來的優點，以及可以為這個世界做出貢獻而選擇當一個高度敏感的人。

不要有過度的罪惡感，不要為了你犯的錯誤、你對孩子的要求、你幫孩子惹來的麻煩、做為你的孩子必須承受的負擔而一直道歉。你只需要承認錯誤，讓孩子看到，你可以犯了錯還努力好好過生活。一旦犯了錯，就找機會跟孩子談談。如果孩子必須做些必要的犧牲，記得，他會被磨練得更堅強。過度保護的孩子常常被慣壞了。被過度保護的高度敏感兒童會有罪惡感，覺得自己為什麼不像其他孩子一樣。

◆消除罪惡感

兒子三歲到十二歲的時候，我們忙於公益事業，常常無法在家陪他。一位發展心理學家來我家拜訪之後說，我們是很好的家長，但是不懂得設限。她認為，孩子利用我們的罪惡感要脅我們。例如說，即使我們非常累了，如果孩子要聽床邊故事，我還是會念給他聽。然後他又要聽第二個、第三個故事。我們因為常常不在家陪他的罪惡感，無法拒絕他的要求。

這位心理學家建議我們檢查行事曆，盡量留出時間給孩子，然後跟孩子仔細解釋我們的工作，讓他覺得有參與感，並以我們的工作為傲。

其他家人呢？

每個家人都可以提供高度敏感兒童豐富的互動，並且提供希望和安全感：「如果這個人無法幫我，或許那個人可以。」

◆如果一位家長敏感，另一位家長不敏感

當一位家長敏感，另一位家長不敏感的時候，敏感的家長和孩子可能形成非常緊密的連結。瑪莉蓮注意到，九歲的藍道比較喜歡跟同樣敏感的爸爸在一起，而不那麼親近較不敏感的瑪莉蓮。

氣質相近的人喜歡在一起是很自然的現象。隨著年齡改變，組合也可能跟著改變。我兒子有時候跟爸爸比較親近——他們都是男性、都愛說話，有時候跟我比較親近——我們都喜

愛寫作、藝術、星際奇航影集。

親子關係總是有它的喜悅和危險。如果親子關係威脅到了配偶關係，或是家長過於親近孩子，甚至帶有戀愛或性吸引的意味，就會妨礙孩子的成長。孩子看起來或許很喜歡跟父母這麼親近，但是孩子沒有經驗，無法判斷父母是否已經做過頭了。

當一位家長敏感，另一位家長不敏感的時候，如何決定教養策略就會是個問題。有時候，敏感的家長認為高度敏感是缺點，會暗自希望不那麼敏感的配偶負責教養孩子，以免孩子也那麼敏感。

更常見的是，敏感的家長會負責教養孩子，扮演決策者、保護者的角色，讓不那麼敏感的配偶覺得無法插手、無力、無用，或是乾脆覺得這兩個人令人受不了。這對孩子和婚姻關係都不利。不那麼敏感的家長對孩子的成長貢獻也能很大——平衡、實在、冒險、熱誠。況且，孩子從父母那裡各自遺傳了一些特質，他也具有不敏感家長的特質，這些特質還是需要不敏感家長來處理比較好。

◆高度敏感兒童如何影響夫妻關係

具有強烈氣質的孩子，例如高度敏感兒童，往往在夫妻之間引起衝突。夫妻雙方可能常常為了如何解決突發狀況爭吵，或是必須面對「我的孩子跟別人的孩子不一樣」的問題。還會質疑究竟是誰的遺傳、誰的責任。「你總是讓她逃避困難。」或是「你嫌他講話太小聲就吼他，害他現在根本不敢說任何話了。」

比較常花時間跟孩子相處的家長會發展出一套解決問題的方法，在另一位家長眼中，可能看起來過於溺愛孩子。尤其如果孩子在這位家長面前比較不展現自己敏感的一面、比較不惹麻煩的話，這個家長可能會想：「哪有問題？我就沒看到有什麼問題。」

負責照顧孩子的家長可能沒有剩下的力氣可以照顧配偶，因此引起嫉妒的情緒。

要學會欣賞配偶的看法，知道彼此平衡。建議不同做法的時候要非常溫和。專家一致同意：父母必須站在同一條線上。已經離婚的父母尤然。高度敏感兒童的父母必須達到共識，同意這個孩子具有獨特氣質，瞭解這個氣質也可以具有優勢，同意如何面對任何可能發生的問題。否則的話，孩子不但覺得自己有問題，還會認為自己是一切問題的根本。

◆兄弟姊妹

如果一個孩子高度敏感，會表達自己的需要，於是得到特殊待遇，其他的孩子一定會心懷不甘。例如說，活動量大的不敏感兒童需要比較多的限制和警告，敏感手足如果獲得的自由和責任相對較多，他一定會感到不是滋味。或是乖巧的高度敏感兒童可能不高興看到其他手足不守規矩，而家長卻不得不對這些比較頑皮的孩子睜一隻眼閉一隻眼。

即使所有的孩子都高度敏感，其中一個可能比較強烈、活動量大或適應緩慢，迫使其他孩子成為「好孩子」「懂事的孩子」。

孩子的個性往往非常不同，如果有某個孩子的某種特質不受重視時，就會有問題了。有些家長會說：「姊姊是我們家的小天才，弟弟是我們家的黃金運動員。」很好。可是有些家長則會說：「姊姊是我們家的小天才，總是考第一名。弟弟呢，唉，還是只知道玩球。」

家長必須很小心，不但要尊重不同特質，並且要降低手足間的差距。以上述姊弟為例，兩個孩子應該均衡發展，學業體能兼優，而不是發展出兩種極端。

如果有高度敏感的孩子，尊重手足間不同氣質、平衡孩子的發展就益形重要。高度敏感的孩子極容易成為乖巧、睿智、成熟、能幹、聰明的孩子，其他手足則成為衝動、過於吵鬧、問題一堆的孩子。或者，敏感的孩子成為膽小、壓抑、害羞、緊繃、不討人喜歡的孩子，而其他手足則成為勇敢、外向、開開心心、喜愛玩樂的「正常」孩子。事實上，如果家長懂得鼓勵的話，所有的孩子都可以發展出比較平衡的個性。

我們會討論如何描述相反的特質，讓兩種特質都聽起來很好。即使你心裡還是比較偏愛某種特質、能力、興趣，也不要公開說。而且，人是會改變的，過一陣子，孩子，或者你，都可能不一樣了。

◆傑克的故事

傑克是個高度敏感兒童，五歲開始嫉妒不那麼敏感的弟弟，對小他兩歲的弟弟百般虐待。弟弟學會走路了，真正成為家中的一分子。他是個活潑的孩子，得到很多注意。他會去亂動傑克的東西，跑到傑克的房間去。弟弟的個子很大，讓傑克感到威脅。爸爸認為小兒子將來可能是個好運動員，因此比較注意小兒子。這時傑克開始上學了。這對傑克是一件很困難的事情，和媽媽分離就已經夠慘的了，弟弟還可以跟媽媽一起待在家裡！

傑克簡直就成了仇恨的化身了。他總是在意弟弟的一舉一動，什麼都要挑毛病。弟弟有的，傑克都要。任何人給弟弟任何東西，或是表現出喜歡弟弟的樣子，傑克就火冒三丈。傑克會趁爸媽不注意的時候打弟弟，如果弟弟碰了他的東西，傑克就哭天搶地的抱怨。

家長瞭解孩子的心情，對兩兄弟盡量公平。他們試著給孩子同樣多的注意。小兒子仍然需要比較照顧，傑克一有機會就欺負弟弟。

有一陣子，沒有人喜歡傑克。現在兩個孩子都念小學了，成為好朋友。傑克很體貼、講道理、完全沒有攻擊性了。

發生了什麼事情？傑克曾經充滿嫉妒的恨意。他還小，不會遮掩，看起來就像個大惡棍。可愛不懂事的弟弟則像小天使一般。幸好他們的父母相信傑克不是壞孩子。兩個孩子都有優點、也有缺點。弟弟很會哭，讓人覺得他被哥哥欺負了。這對夫妻愛這兩個孩子，包括他們的優點和缺點。這份愛，以及不斷的注意和誇獎傑克（尤其是從爸爸那邊來的），隨著時間過去，問題就自然消失了。弟弟長大以後，可以跟傑克玩耍了，傑克可以教弟弟自己在學校學了些什麼，看到弟弟也學會了就很高興。

我要強調的是，傑克的家長從來沒有給他貼標籤，從未排斥他。如果一個孩子這麼小，還在成長，還很脆弱的時候，就被大人貼上膽小、固執、軟弱……的標籤，那真是不幸。

大部分的高度敏感兒童比一般兒童喜歡家裡有新的寶寶。當然，家裡添寶寶的時候，原來的老么潛意識裡一定隱藏了很多憤怒和創傷，這是無可避免一定會發生的。不管弟弟妹妹是否敏感，高度敏感兒童都可以從弟弟妹妹那裡得到很多益處。他們可以領導、保護、協助、教導弟弟妹妹，由此建立信心。

不過，無論如何，弟弟妹妹還是很煩人的，會打斷他們的思考、喜歡闖進他們的房間、亂碰東西。藍道的妹妹珍妮和他的個性迥然不同。他們的媽媽說：「珍妮喜歡跟小朋友玩，喜歡互動，會跟任何人回家去。藍道受不了她。妹妹去找他，他會叫妹妹走開。但是家人就是這樣，沒什麼大不了的。」

◆處理衝突

如果一個孩子敏感，另一個不敏感的話，家長不應該強迫孩子相處或彼此相愛。只要能夠容忍對方、保持禮貌就夠了。高度敏感兒童特別容易因為手足的話或逗弄受傷。不要讓孩子私下解決紛爭，除非你認為他們有此能力。教孩子簡單的解決衝突的方法，例如輪流說話、輪流傾聽、暫停、尋找公平的妥協方法。即使他們會用這些技巧，成人還是需要注意，確定孩子們謹遵遊戲規則——不可以罵髒話、打人、霸道，或任何可能傷害身心的手段。多多練習，孩子們真的可以自己解決他們之間的紛爭。

◆在家庭中討論氣質

每個孩子都具有某種氣質。如果大家談論敏感這個話題，就也要談到其他孩子的特質。注意不要以偏概全的把所有事情都歸到人格特質上。除了天生氣質，行為也會受到文化、家庭教養、長輩、現況和經驗的影響。

你可以從第1章的九個特質開始討論。如果大家有興趣的話，可以繼續測試他們的敏感度及第3章的追求新奇的傾向。你可以跟年紀夠大的孩子逐項討論成人敏感問卷上的問題，瞭解他的感覺，看看家裡別的人是否也有同樣的感覺。

你們可以一起畫一張表，列出每個人的特質。每個人都應該有權決定自己的特質是什麼，其他人可以指出一些現象，以不同的角度鼓勵他。「你無法堅持？那你上次學騎腳踏車的時候呢？你根本不肯停下來。」

▼保持正向

輕鬆以對，用正向言詞描述不同特質。例如，你可以說活動量高的孩子「充滿活力」，而不是「野」。活動量低的孩子是「沈靜」，而不是「遲緩」或「懶惰」。情緒強度強的孩子可以用「有精神」或「情感強烈」描述，而不是「脾氣暴烈」或「歇斯底里」。情緒強度弱的孩子是「溫和」「容易相處」，而不是「無聊」。

這並不表示說我們必須喜歡某種特質。跟大家解釋，人格特質無關好壞，別人對這種人格特質的情緒反應也沒有對錯。即使我們是不一樣的人，也要學習彼此和睦相處。這是人類最重要的課題之一，就讓我們從家庭開始做起吧。

最後，你可能想：「這樣不是在貼標籤嗎？」如果做得過頭，或用來看低別人，或是吵架時用來攻擊別人的話就不好了。例如說：「從來都輪不到我——因為你就是這麼『固執己見』。」教導孩子就事論事。即使是「固執己見」的人也能學會分享，所以，「固執己見」的個性不是重點，這樣說只會越吵越兇。善用「標籤」可以讓人覺得真正的自己被看到了，這種感覺很好。這表示別人在乎你、願意瞭解你、真的注意到並瞭解你是怎樣一個人。

▼首次提及敏感

當你開始用正面或者中性的語言談論高度敏感的時候，會發生很多有趣的事情。每個人都會說自己很敏感。你需要從一開始就解釋清楚，對什麼事情敏感——很大的聲音、嚴厲的話語、批評、氣味、觸摸、意外……等等。做書中的問卷，試著釐清。

也要解釋，「敏感」一詞在這裡是專有名詞，不是指對別人好、具同理心、有藝術傾向、有洞見。當敏感的人狀況好的時候，他們確實具有這些特質，所以會很有良知、靈性強、直覺強。但不敏感的人也有這些特質，而且，當高度敏感者狀況不好的時候，這些特質都會消失得無影無蹤。這是無關對錯的人格特質，是兩種不同的生存策略之一：一個是「敏感」，採取行動前善於觀察、省思；另一個則是行動迅速、勇於嘗試。每種策略都適合某些狀況，不適合其他狀況。

經常，敏感的孩子容易成為家庭中的代罪羔羊。大家可能覺得這個人不太對勁，而不是自己不對勁。大家可能把事情怪在這個人身上：「如果不是他那麼害羞的話……」「都是他啦，如果他喜歡放爆竹的話……」或是大家都習慣指使這個人，待她像灰姑娘似的：「她這麼膽小，當然應該聽我們的話。」

當我們用比較正向的角度看待敏感時，高度敏感者就得到力量，舊有的角色和習慣就可以開始改變。每個家庭都有某種程度的「角力」在進行中。如果權力是家人互動的主要動力，那麼，舊有模式開始鬆動的時候，每個人都會受到影響。有時候，會有人想恢復舊有模式，也有人試圖找到新的代罪羔羊。

身在其中，很可能無法看到這些潛藏的家庭動力。如果你覺得你的家庭可能就是這樣，請找位有經驗的、口碑很好的家族治療師，協助你們探索新的方向。

最後的提醒

無論是不是敏感家長，都可以透過思考與敏感孩子的關係、幫助家人討論每個人的氣質，或是思考關於「敏感」，而看到改變——家人之間更平等、更欣賞彼此。這樣互相瞭解的過程，可以成為一種很棒的家庭成長方式。

第5章

養育快樂的敏感孩子

◇四大祕訣：提昇自我形象、減少羞恥感、有智慧的處罰、討論「敏感」

本章一開始討論如何提昇孩子的自我形象，並討論為什麼這是養育高度敏感兒童的重要議題。然後我們會討論羞恥感——高度敏感兒童很容易有的情緒。你也會學到如何管教高度敏感兒童的方法，讓他們不必受傷就可以學習、改變。最後，你會學到如何跟親友、教師和你的孩子談論敏感，如何教導孩子把負面批評轉化為正面語言。

祕訣一：提昇自我形象

兒童會發展出基本的正向或負向自我形象。如果基本態度是負面的，即使生活中有好事情發生，他也不會放在心上，只有負面經驗被奉為真理。如果基本態度是正面的，即使有壞事情發生，他也可以很快恢復。

高度敏感兒童需要教導和管束，但是如果你不知道怎麼做，孩子可能把管教當做你對他全面的否定。高度敏感兒童通常會遵守規定，如果做錯事，他們會深刻反省，以免下次犯同樣的錯誤。他們非常想第一次就做對，這是他們基本生存法則，深深烙印在他們的基因裡。過多的批評會讓他們覺得自己總是犯錯。

高度敏感兒童自律甚嚴，容易陷入過苛的自我批判，因此有過低的自我形象。他們善於觀察、評估，是天生的評論家，像是影評家、書評家或美食家。如果他們覺得某個人需要被愛或被接受，他們往往無條件的付出。但是他們對自己以及身邊親近的人要求可能很嚴苛。親近的人是自己生命的延伸，因此會求好心切。

高度敏感者無法接受批評，因為他們已經把自己的錯誤徹底反省過了，不需要別人的批評，他們自己就會痛罰自己。

你無法控制別人如何對待你的孩子，你只能讓孩子準備好，正確解讀別人給他的訊息。

歐美文化不重視高度敏感的人，男孩子如果對痛苦、批評、過度刺激、別人的感覺表現出敏感特質，就會遇上麻煩。即使孩子接收到的都是正面訊息，他還是會覺得世界不是為他量身訂做的。他會覺得自己不太正常。因此，高度敏感兒童需要更多協助，發展出一套內在訊息來對抗外界的誤解。

我強調自我形象和減低羞恥感，是因為我知道成年後再想改變有多麼困難。幾乎每一位來我這裡尋求心理治療的個案都是高度敏感者，童年時受到忽視，甚至被視為有毛病，成年後，他們仍然感到深刻的羞恥。除非一一面對並努力超越，羞恥感如影隨形的讓他們身心受苦。羞恥感讓他們很難找到朋友或伴侶，無法完全發展自己的才華。有些人會過度努力來證明自己的價值。改變成人心中的羞恥感是進展很慢的工作。因此，做為父母，你要盡力從一開始就不讓孩子感到羞恥。

◆四種自我形象

讓我們簡單說明「自我形象」。兒童從四個來源得到自我形象。最重要的來源是：知道有人愛你，只是因為你是你，跟你的成就無關。如果希望這個自我形象既堅強又穩定，從一出生就必須開始了，而且持續整個童年。成年之後，即使這些愛你的人已經不在了，你還是會覺得自己很好、很值得愛。這種安全感讓你覺得：只要別人瞭解你，你喜歡的人也會喜歡你。這讓你能夠愛別人，也讓你在需要時可以依賴別人。

另外三個來源跟能力有關。

社交的能力——能夠交朋友、說話有趣、能夠贏得陌生人的敬重、領導一群人、在一群人面前發言。從家庭開始，延伸到朋友，經驗多了以後，可以延伸到任何場合。

身體的能力——對自己外貌及能力的信心、肢體統合的能力、相信自己的身體可以學會新技巧、可以玩遊戲、完成任務。

心智的能力——對學習有信心、至少在某方面與同儕一樣好。

有時候我們會碰到自我形象過度膨脹的人，他們相信自己無需準備就可以做任何事情，或是相信自己即使態度惡劣還是會受人喜愛。但是我從來沒遇見過一個高度敏感的人會過度膨脹。高度敏感者的現實感通常比較悲觀——當他們評量自己的表現或是別人如何看待他們時，會比真實情況更負面一些。一般人則正好相反，往往自我評估偏高。

高度敏感者悲觀的現實感是有道理的。如果他們想要一次就把事情做對的話，就必須如此。他們不喜歡意外引起的過度刺激，例如嘗試新行為，發現自己做不到，或是不喜歡。他們尤其不喜歡自以為別人喜歡他們，結果發現事實不然。因此，你不是要給高度敏感的孩子過度的自信，而是給他正向的現實感。

確實，這些孩子或遲或早都會發覺自己的黑暗面——為了當個好孩子而壓抑下來的、人性共通的衝動和慾望。他們比一般人更能覺察到潛意識的存在。因此，他們沒有辦法長期高估自己。他們知道自己有時候可以非常自私或是懷有惡意。你的任務就是讓孩子試著接受自己的黑暗面，並且相信你也可以接受他的黑暗面。你的孩子必須學習到，有壞念頭和真正做壞事是不一樣的。覺察到自己的壞念頭其實有好處，這表示壞念頭沒有躲起來，我們可以監督自己。

結論是：因為高度敏感者很怕高估自己的能力、價值、可愛的程度、別人對他的愛，你必須努力讓他不低估自己。你可以鼓勵他在適當時機高估自己一點。我們要學著跟自己說：「我做得到！」我們需要這樣的信心才能往前衝。

◆如何提昇自我形象

▼看看自己

高度敏感兒童不會錯過任何線索。對他們而言，行動——包括體態姿勢、聲音表情、面部表情——比語言更有效。如果你不看重自己，或不看重他們，他們都會知道。如果你或你的孩子很敏感，你會感到驕傲嗎？還是你仍然有所懷疑，害怕孩子長大會因此而不快樂？如果你不喜歡敏感特質，今天就要開始改變態度。

▼語言還是有其效果

機會恰當時，誇獎孩子的敏感，但是小心不要做過頭。當孩子需要休息或安靜時，從正向角度看敏感的特質：「去了一趟動物園，你當然累壞了，你注意到所有的事情！」要誇獎孩子的觀察力、仔細考量一切的能力、良知、創造力、直覺和同理心。但是你也要明白表示，你並不期待他總是如此。你可以說：「你在動物園注意到所有的事情。」而不要說：「你是我的福爾摩斯，不管我們去哪裡，總是能夠隨時注意到一切！」

▼花時間與孩子相處

想要跟他在一起最能夠表達「我喜歡你」的心意。喜歡一個人，不但要說，也要做，尤其是要花時間相處。兒童心理專家建議每天至少花半小時跟孩子相處，不用特別做什麼，順著孩子，他想要怎樣就怎樣。這可以治療各種創傷。有時候，半小時或許已經太多了。比較不刺激的方式是兩人在同一個房間裡一起工作，或是一邊做飯、清洗、開車，一邊跟他說話。當你想要花時間跟孩子相處時，要讓他決定要怎麼做，而不是你。

▼尊重孩子的感覺、需要、意見、喜好和決定

這些要從孩子小時候開始。即使你必須定下規矩、設出限制，你還是可以尊重他的內在衝動。可以說：「我知道你真的很喜歡冰淇淋，可是你得先吃晚飯。」或是「我可以瞭解你

想烤餅乾，聽起來很好玩，我們也都會很愛吃，可是現在已經是晚上十點了，我早上必須六點起床，如果你待在廚房忙東忙西，忙到半夜十二點，我會被吵得睡不著。」如此一來，孩子和孩子的慾望在你的眼中都得到了肯定。

▼協助孩子瞭解自己和不那麼敏感的人有何不同

孩子必須瞭解，許多人會衝動行事，沒有事先仔細想過，其實是言者無心，或是用過於強烈的語言。你的孩子需要把別人的音量自動調低，戴上情緒的耳塞。你可以建議他：「我在想，或許他當時只是心情不好，言者無心。」或是「你明天可以問問她，是否真的是那個意思。」

同時，你的敏感孩子需要瞭解，不那麼敏感的人往往不善於傾聽。他們不會立刻聽懂「暗示」或是瞭解「呃，或許吧……如果你那麼在意的話。」是什麼意思。他必須說：「我要這個。」「輪到我了。」「不要！我不喜歡這樣。」這需要練習，每次練習一種狀況。

如果他無法提高自己的音量或降低別人的音量，協助他不要覺得自己是受害者。有些人就是聽不到輕聲細語。

最重要的是，孩子必須瞭解，這不是任何人的錯。他可以選擇自己喜歡的方式，甚至可以明白表示出來：「我覺得那樣子講話很粗魯。」

▼如果孩子提到自己的缺點，就指出他的優點

先表示尊重他的感覺：「我可以瞭解你今天被三振兩次，一定對自己很失望。」然後提到其他成就：「可是你上星期才打了一個全壘打呢。」或是「我知道棒球不是你的強項，你好像比較喜歡體操，你的體操做得很好。」或是「我知道你不太擅長體育，可是你很會畫畫。我想梵谷大概也不太會打球吧！」

不要堅持，不要跟他爭論。提一下就好。千萬不要誇張他的能力。這只會讓你在他心中失去信用。

針對每個缺點都指出一個相對的優點，這可以提昇孩子的自我形象。研究顯示，我們會用兩種存檔系統來儲存重要記憶。自我形象低落或沮喪憂鬱的人會把所有的缺點放在同一個檔案裡，當他想起一個缺點的時候，所有的缺點都冒出來了。相對的，其他人的記憶系統與價值無關。所有關於運動的記憶在一個檔案裡，關於學業的記憶放在一個檔案裡，社交生活在另一個檔案裡。無論優點或缺點，都依照類別存檔。

用優點和缺點來歸檔的記憶系統是如何發展而成的呢?部分因為家長和同儕貼概括性標籤，例如「你是個壞孩子。」所有他做過的壞事情就都歸在一起了。你要避免使用這種帶有價值判斷的概括性標籤。如果孩子給自己貼標籤，你就要提出相反意見來中和他給自己的傷害。他可能會說：「你只是在幫我找藉口。」但是如果你找的藉口有道理，他就會聽進去。

祕訣二：降低羞恥感

養育快樂、有自信的高度敏感兒童的第二個祕訣就是避免羞恥感。羞恥感和罪惡感都是內建的、強有力的自我意識情緒，就和驕傲一樣。心理學者如此區分二者：罪惡感針對某件特定的事情，通常有辦法彌補。羞恥感則針對個人，覺得整個人不好。如果有罪惡感，他還會是一個有自主能力的人，可以犯錯，也可以彌補自己的錯誤。羞恥感則讓人覺得被動、無助。有罪惡感的人通常會積極採取行動，試圖彌補，或是為自己申辯，而不是退縮。有羞恥感的人通常會低下頭、避免眼神接觸、彎腰駝背、看起來小小的、想要消失。

人不會一直感到羞恥感或罪惡感。但是這可能成為人格的一部分，使得這個人特別容易感到羞恥感或罪惡感，或是隨時感到羞恥或罪惡。

◆幫羞恥說幾句話

在社會結構比較嚴謹的社會，像是日本，羞恥感比較普遍，也比較被接受。羞恥感讓大家維持彼此間的關係，並謹守分際。研究發現，在日本，羞恥、自尊和驕傲比較依賴別人怎麼想，不像美國人標榜堅持自我，不要受別人影響。美國人比較不受別人的看法影響，因此往往有過高或過低的自尊。日本人在這方面的感受較不極端，因為他們會仔細觀察別人的反應，反省自己，然後形成自我形象。

在強調獨立的社會裡，「感到羞恥」本身就是羞恥的。當高度敏感兒童覺得羞恥時，他們會因此更覺羞恥。但是羞恥也讓我們看清自己的行為。自發性的羞恥——不是受到別人欺負，而是看到自己行為引起的後果，自動產生的情緒——讓我們真正看到自己做錯了。高度敏感兒童很容易感覺到這種羞恥，這是他們學習方式的一部分，可以協助他們未來不會犯同樣的錯誤。例如，一旦他們為了偷東西感到羞恥，就會知道自己不是那種人，會非常篤定自己永遠不會再偷了。

即便如此，我必須再次強調，羞恥的壓力很大。對高度敏感者，一點點就夠了。如果想要用羞恥感來教育高度敏感兒童，就像用槌子敲圖釘一樣的過度使力。

羞恥感非常強烈的時候，會產生慌亂或敵意——對別人或對自己。高度敏感兒童大發脾氣的原因之一就是當他感到極度羞恥，無法忍受時。比較羞恥感和罪惡感的研究指出，容易感到羞恥的人比較容易有敵意、暴力傾向、缺乏同理心。他們覺得沒有退路，總是覺得自己不好。高度敏感者因為羞恥感產生敵意的話，會對自己發洩敵意。

◆如何避免羞恥感

即使是高自尊的孩子，也可能有羞恥感。我們需要注意：

▼不要因此而不敢管教孩子

心理學者曾經研究兒童如何養成羞恥感，發現羞恥感最嚴重的例子不是因為管教太嚴格，而是毫無管教。這些家庭讓孩子覺得，自己做什麼都不對，因此成人才會放棄管教。有些家長對於高度敏感孩子感到失望，如果家長認為孩子天性如此，不會改變，就不會試圖管教孩子。孩子當然會覺得很羞恥。即使是笨手笨腳的試圖管教高度敏感兒童，也會讓孩子覺得你關心他，而不是徹底放棄了。

▼再次提醒：看看自己

許多家長用羞辱的方式管教孩子。「笨蛋，你看你做的好事！」「你就不能做對任何事情嗎？」「你真是讓人生氣！」「別人會怎麼看你？」即使我們知道這些話很傷人，我們還是經常重複父母對我們說過的話。要盡量覺察你自己的羞恥感，避免把同樣的羞辱施加到孩子身上。習慣是可以改變的。

▼不要強調你對孩子的期望

適度的鼓勵代表你認為孩子有足夠的能力，但是不要過度期待。享受跟孩子在一起的時光，不要去想他以後會有什麼成就。幫助孩子用他自己的標準想像未來的成就。我常常看到高度敏感者照著父母的期望長大，卻發現那不是他們自己想要的生活，或是不適合他們的個性氣質，因此終至失敗，或是成年之後才開始尋找自己真正的興趣。「不符合期望」會造成深刻的羞恥感。

談到「長大以後想做什麼」時，聽聽他的心聲，他想要做什麼，他選擇的生活優點和缺點是什麼。也就是說，把你自己的期望放在一旁，客觀的討論。

▼避免在孩子間進行比較

即使親如手足，孩子也非常不同。談論到孩子間的差異時，除非你可以充分表達兩個孩子在你心目中一樣好，否則要特別小心。專注在每個孩子的優點上，不要比較。

拿孩子和他的朋友比較，可能會傷害到他，所以盡量不要說：「為什麼你不能像他一樣，站起來在全班面前說話？」

▼檢視自己開的玩笑

有些人覺得，家人之間開開玩笑只是示愛的方法。但是實際上，開玩笑往往是在用輕鬆的方式表達潛藏的敵意：「喔，太好了，約翰在做飯——今天小狗有得吃了，我們等他上床之後可以訂外送食物。」高度敏感兒童才不會上當。除非你確定孩子可以還擊，否則不要開玩笑。

▼要確定孩子不覺得自己是家庭問題的源頭

年紀小的孩子特別自我中心，會想：「爸媽吵著要離婚，都是因為我這麼難帶。」「妹妹生病了，因為我對她不高興，暗地裡希望她死掉。」跟孩子討論這些事情，用他能夠瞭解，並且能夠得到安慰的方式解釋給他聽。

祕訣三：有智慧的處罰

如何養育具有是非觀念的孩子？研究發現，不同的方法在不同氣質的兒童身上會有不同的影響。首先，讓我們看看一般通用的原則。

我們希望道德感形成內在的自律，管理自己不做某些事情，而不是因為害怕被發現才不做。道德感必須內化，孩子不偷東西是因為「這是錯的」。問他為什麼覺得是錯的，他可能會說「我爸媽教的。」「我的信仰如此。」「如果大家都隨便拿別人的東西，那多糟糕啊。」如果大家沒有內化的道德感，純粹只是因為怕被抓到而不偷東西的話，我們將需要大量警力維持治安了。

學者觀察到，彼此關愛的親子關係會自然產生內化的道德感。嬰兒喜歡分享，如果照顧他的人不開心，他也會不開心。身為社會化動物，我們自然而然的會互相反應。但是，父母遲早會開始禁止嬰兒做某些事情，這會讓嬰兒不開心，破壞了親子之間原有的和諧，在討好對方和堅持己見之間產生衝突。嬰兒會因此感到激動、不悅。如果一切順利，到了三歲左右，孩子開始接受父母的觀點，並將之視為自己的觀點。雙方都希望維持和諧的關係，開始配合對方——這時，最初的原因已經被內化了。

研究發現，接受適當刺激的孩子最能夠內化價值觀。你需要引起孩子的注意，但是不要把他嚇壞了。管教孩子的時候，如果刺激不足，孩子會掉以輕心的繼續犯錯。父母一再重複同樣的命令卻不執行時，孩子往往不會聽話。另一方面，如果孩子受到過度刺激，他們會開始避免處罰，也避免處罰他們的人，但是不會記得他應該遵守的行為規則，不會內化父母的價值觀。例如說，我永遠記得小時候被摔巴掌，卻不記得是為了什麼事情被處罰，我只記得恐懼和羞辱。

如果孩子受到適度的刺激，他會得到教訓，學習到與人相處的重要資訊。「不要大聲喊，不然會吵醒爸爸。」「你踢安妮，她會痛。」「別的孩子不喜歡會咬人的孩子。」或是「我知道有的同學會作弊，但是他們不但傷害了自己的信用和人格，這樣的成績也沒有意義，老師會不知道哪個學生需要協助。」

◆高度敏感者容易將經驗內化

研究顯示，年幼的高度敏感兒童比一般兒童更早具有內化的道德觀。獨處的時候，即使不會受到處罰，他們也比較不會做父母叫他不要做的事情。為了避免受到批評或處罰之外，也是因為他們比較有能力注意到周圍發生的事情、反省並抑制自己的行為。

愛荷華大學（University of Iowa）的科強斯卡（Graznya Kochanska）做過實驗，她讓兩三歲的兒童看壞掉的東西，觀察誰能夠注意到東西壞了。會注意到東西壞掉的孩子比較會對這件東西產生興趣，會關心壞掉的地方。在另一個實驗中，她發現這些較具觀察力的敏感孩子弄壞東西時也較激動。例如弄破娃娃、衣服染上髒東西。

科強斯卡安排一群五歲兒童做實驗，讓他們可以犯規作弊而不被處罰。結果發現高度敏感兒童較不會犯規。但是前提是他們已經受過溫和的道德教育，沒有受到過度嚴厲的處罰。

我面談過的家長都說：對待孩子一定要溫和！不可以打孩子、不可以羞辱孩子、不可以用剝奪愛或孤立來處罰孩子。只要改變你的口氣，對高度敏感兒童就已經足夠了。

高度敏感兒童也會犯錯犯規，在家裡尤其如此，但是他們事後都很後悔，懊惱的情緒就是懲罰了。你只需要跟他談談就夠了。有的家長偶爾會稍稍處罰孩子一下，例如取消某種特權。但要知道，如果高度敏感孩子哭泣、發抖、發脾氣，就表示壓力已經太大了。這時候千萬不要加重處罰。如果你繼續處罰他，他可能因為過度恐懼而暫時聽你的話，但是他在這麼大的壓力之下，不會內化這個教訓。最好先讓孩子冷靜下來，再決定如何處罰他。第7章會討論如何處理孩子的脾氣。

如果想要把刺激降至最低，預防才是上策：制定適合孩子年紀的、清楚的規則，在事情失控前滿足孩子的需要，事前做計畫。

◆避免事情發生

▼想想你的標準

身為家長，你需要維持清楚的行為標準——四歲孩子在餐廳應該有的行為、十歲孩子遇見不認識的人應該有的行為、何時應該道歉……。如果沒有清楚的準則，而且孩子也夠大了，你可以開家庭會議制定準則——在家裡可不可以大聲喊叫、罵髒話、罵人、打人、丟東西、破壞別人的東西、回家晚了不打電話通知、在樓梯上溜滑梯、把腳放在家具上……。大家一起決定的規則比較容易維持，因為孩子會內化這些規定。如果孩子還小，你必須制定規則，那麼，事前要把規則說明清楚。

事前說明清楚會省掉很多爭執。你需要解釋這些規定的理由，讓孩子能夠在情緒冷靜時將之內化。你也要聽聽孩子的說法，看他是否認為合理並且做得到。

即使大家都有了共識，也不要高估孩子，以為他們都能達到你的標準。尤其是早熟的高度敏感兒童。他們可能一直像個小天使，體貼善良，但是有一天忽然發脾氣，甚至對著媽媽丟東西。媽媽可能想，是不是平常太放縱孩子了？於是強勢的教訓孩子。孩子從光榮的小大人一下子變成不乖的小孩，只會感到丟臉、憤怒。

如果孩子常常不聽話或發脾氣，你可能對他要求太多，超過了他的年紀和個性能夠承受的程度。降低期待，但是要一致——如果你不要求孩子在候診室乖乖坐著等，那就不要期待他去別人家作客的時候能夠一直乖乖坐著。

恰克常常說錯話，他的意見很多。他的看法通常是對的，但是他的表達方式不夠禮貌。他的父母不想壓抑他，但是要求他注意旁身邊是否有人會聽到。這個原則適用於所有高度敏感者：不能隨便說任何心裡想到或者觀察到的事情。他需要想一想，此時此地對這個人說這些話是否合適。不然，他們的意見只會招來敵人。

▼調整其他人的期待

如果孩子由保母照顧，要確定保母也用同樣的標準教育孩子。我有過一些不好的經驗，知道不能把高度敏感孩子交給沒經驗的人，或是已經忘記孩子是怎麼一回事的人，或是自己被嚴格養大的人。

我在大學教書的時候，六歲的兒子很喜歡我的一個學生。我也覺得這個愉快的年輕人很可靠，就請他晚上過來當保母。

我回家時，家裡一團亂。學生說我的兒子說謊成性，長大一定會變成太保。為什麼呢？

我兒子不想洗澡，學生堅持要他洗完澡再上床。兒子進了浴室、鎖上門、開了水龍頭、脫掉衣服、換上睡衣、關上水龍頭、開門出來。可是他忘了把毛巾弄濕，就這樣露出馬腳了。

我到家的時候，兒子非常悽慘，已經被學生不斷教訓了不知多久。這學生完全不瞭解六歲男孩。從此之後，我再也不肯讓期待孩子會像成人一樣守規矩的人來照顧我兒子。

▼瞭解加上好的事前計畫

即使你必須賞罰一致，必須讓孩子為自己的行為付出代價，還是需要好好想一想孩子為什麼會犯錯。例如，藍道的母親注意到，兒子的不良行為主要都是因為他覺得媽媽對待妹妹和他不公平所引起的。她意識到，有時候她確實比較能夠瞭解、同情女兒的感受，因為她們氣質相近。她努力改進這個根本原因，問題就好多了。

瑪莉莎經常頑固的堅持自己要什麼，因而惹上麻煩。她的父母乾脆不問她的意見，直接把外套遞給她、給她點心或讓她休息一下，就可以避免發生爭執。瞭解孩子需要什麼，事前預期他需要什麼，是對孩子的體貼。你知道高度敏感兒童比較無法忍耐不適、比較容易失去耐性，他們不舒服、受到過度刺激、餓了、累了的時候無法聽話。預防這些狀況發生不是寵溺孩子，而是滿足這些孩子合理的需要。

你也可以用幽默和其他的事情讓他分心。小客人來家裡之前，把孩子特別喜歡的玩具先收起來。孩子走路走累了，你可以唱一首歌。這些都不會有後遺症。

最後，事前的警告可以協助高度敏感兒童面對轉變。對高度敏感者而言，任何轉變都很困難。讓轉變成為生活習慣，會比較容易。

突然的轉變可能讓孩子感到挫折，比較不願意聽話，會跟你爭執。不要說：「故事講完了，上床，關燈睡覺了。」如果孩子抗議，不要說：「不准吵。你總是這樣，吵也沒用。」這些都只會讓孩子更不高興，狀況很快的就會一發不可收拾了。試試看說：「嗯，讓我想想，你穿好睡衣了，刷過牙了，我已經講過故事了，接下來應該做什麼呢？我想該是你上床的時候了，該關燈了。我們一向都是這樣，不是嗎？」如果孩子還想聽故事，你可以說：「明天下午我再給你講故事，睡覺前的故事已經講過了。」

◆管教高度敏感兒童的基本步驟

管教和處罰不同。如果管教得當，孩子的行為有所改變，就不需要處罰孩子了。如果高度敏感兒童不守規矩或讓你失望，以下的步驟通常就足夠了。

▼考慮一下孩子和你的激動程度

如果你和孩子都過度激動，就先讓自己冷靜下來，然後安撫孩子冷靜下來。如果你無法控制自己，是無法安撫孩子的。如果孩子很害怕，先跟他說：「別擔心，我們會把事情好好解決的。」對於已經很激動的高度敏感兒童，千萬不要繼續刺激他了，不要說：「等我們回家給你好看！」

如果孩子很激動，可能需要至少二十分鐘才能恢復冷靜。為了解除緊張狀態，你可以把孩子帶到另一個房間去。坐下來比站著好，能夠一起躺在床上更好。或是一起到外面坐坐。一起去散步。總之是要找個安靜的環境。

以我兒子不肯洗澡的事件為例，他顯然非常激動，我先讓他冷靜一下，告訴他我會聽聽他的說法。然後我給他一些時間冷靜下來。

▼傾聽、同理

高度敏感兒童需要被聽到。他們常常有深刻的感受，或是對自己的行為有好的理由，他們往往對不公平的待遇感到失望。瞭解孩子的感覺和看法可以協助你們決定接下來怎麼做。

兒子說完事件經過之後，我讓他知道我真的聽到了：「你覺得早上才洗過澡，晚上不需要再洗一次，我知道你覺得這樣不合理。這件事情我們應該事先講好。我沒有跟你事先講好，真對不起。」

記住：傾聽時不要無限上綱。不要說：「你就是不肯好好洗澡，是不是？」「你跟保母說謊！」「你為什麼總是惹麻煩？」

如果孩子隨便找個藉口呢？「我只是鬧著玩嘛！」你可以繼續跟他談，也可以接受這個說法，直接開始討論後果。如果孩子找藉口，他是在避免被羞辱或處罰，這時候不要把孩子逼到牆角。

如果覺得孩子在說謊，我不會直接揭穿他。我可能會說：「我想，我不知道該相信你或是相信保母。如果我們想要彼此信任的話，就需要說實話。我知道你會盡量說實話。如果你無法說實話，我希望以後你可以告訴我，為什麼說實話這麼困難。」

▼重申你的行為準則，如果孩子夠大，把理由解釋給他聽

「我們生氣的時候，常常覺得想打人。可是我們不會打人，因為我們不希望彼此害怕，也不希望讓對方覺得我們真的想傷害他。」

我會跟孩子說：「不管今晚發生了什麼事情，我還是希望你能聽保母的話，並且能說實話。雖然我付保母錢，但是他還是我們家的客人，不應該對他撒謊或給他惹麻煩。你不聽保母的話，我會擔心，因為如果出了什麼意外，大人還是比你清楚該怎麼辦。」

▼決定要不要有進一步的後果

需不需要道歉？是否經常發生這種事情，表示孩子未能內化這些行為準則？然後你們可以一起決定下次再犯的後果是什麼。下次再有類似狀況，提醒孩子犯規的後果是什麼，並且確實執行。

▼跟孩子說明下次可以怎麼處理

讓他覺得未來有希望，對自己的衝動有較為健康的選擇。「你生我的氣時，你可以跟我說你想打我，你也可以打枕頭，假裝枕頭就是我。」

以洗澡事件為例，我可以建議兒子，和保母意見不同的時候可以打我手機。我可以建議兒子，和保母一起討論他們可以做些什麼，上床睡覺時需要做些什麼。然後我會聽取他的意見。我會說：「如果你真的不喜歡保母做的事情，你可以等我回家以後談談，也許我們以後不請他來了。」以後若是再有類似情形發生，我可以提醒他，我們的協議是什麼，問他為什麼沒有遵守約定。

我會強烈要求他，如果保母真的讓他很不舒服，他一定要告訴我。我們當然不希望孩子亂編故事，但是也不希望孩子什麼都不敢說。

◆其他提醒

教導高度敏感兒童時還有兩點需要注意。首先，你需要針對孩子的年齡和當時的狀況做調整。如果你必須很快的行動，或是孩子年紀小，就要簡單明瞭。把孩子從街上抓回來之後告訴他：「我知道你喜歡跑在我前面，可是我叫你停下來的時候，你必須停下來，因為我知道什麼時候可以過馬路。」

對年紀小的孩子，盡量簡單：「我知道你想要所有的玩具。可是你一定要讓吉姆玩，因為我們要和客人分享我們的東西。」對十歲孩子就可以小聲說：「我知道你不想，但是我現在要你去跟奶奶說謝謝，因為她做了這麼多好吃的東西招待我們。然後你要的話，我們可以在回家的車上談談。」

第二點，不要忘記關於羞恥的討論。即使是很小的小孩，光是被教訓就已經夠丟臉的了。你可以安慰他說：「別擔心，我們都會犯錯。」或是「我知道你已經累了，而且不喜歡那個小孩。我常常看到你跟別人分享玩具，只是今天不想而已。」

◆必須處罰孩子的時候

▼讓「後果」簡短、溫和、切中要點

「如果你再踢，就得一個人在那邊坐一會兒。」同時注意孩子是否有羞恥或恐懼的情緒出現，並據以調整處罰的程度：「好了，把椅子挪近一點吧——只要不要踢到就可以了，好嗎？」

一位母親叫三歲女兒回房間去自己想一想：「下不為例，她簡直情緒崩潰了。」這個女孩一整年都沒有再犯錯。記得，少用處罰。提醒、訂下規矩就足夠了。

▼一致——無法預料的處罰讓高度敏感兒童更焦慮

如果你叫他不要踢，結果他又繼續踢的話，你就必須言而有信的要求他獨自去另一張椅子上坐。如果他不去，你可以決定一個新的後果：「如果你不去，我就必須讓你離開這個房間。」帶他出去、聽他說話、同理他、重申規矩和原因、決定後果，最後提醒孩子可以如何處理。

如果孩子仍然在發脾氣，很可能有其他原因，例如過度疲倦。第7章會繼續討論這一點。要和孩子產生接觸，抱著他、安慰他、試著說明。然後達到一個雙方都沒有輸贏的局面。事後還是要重申立場，解決問題，不要不了了之。

如果你和孩子陷入權力鬥爭，想想原因。高度敏感兒童可以很聰明、很微妙的操控別人。例如說，我兒子表現得喜歡接受處罰：「好啊，我反正想回房間去了。」「沒關係。我反正不想看那個電影。」他只是想拿回一些權力和面子，因為我們處罰他，顯得很威權。我們照樣執行這些「沒用」的處罰，但是事後會跟他玩一些他擅長的益智遊戲，讓他覺得和我們仍是平等的。

專家建議家長每天跟孩子花半小時做孩子想做的事情，例如跟年紀小的孩子坐在地板上玩他的玩具。這不但可以滿足孩子的正常需要，也是孩子被處罰之後重建安全感和自尊心的好方法。

▼**孩子年紀夠大的話，可以跟他一起討論一再重複出現的行為問題**

找個很久沒有發生衝突的日子，溫和的和孩子討論：「我知道你常常有很多有意思的想法。可是我不懂，為什麼你有話要說的時候常常插嘴？」他可能會說，因為你總是說個不停。這時候，需要改變行為的是你，不是孩子。

你也可以和孩子討論是否因為過度疲勞或過度刺激引起問題。然後你們可以一起決定改變行為的最佳對策。討論提醒會不會有幫助？怎麼提醒最有效？

◆孩子說謊或偷竊

不要立刻嚴重處罰孩子。你希望他記住教訓，而不是記住處罰。如果孩子已經覺得很丟臉了，就溫柔一點。謝謝他說實話。告訴他每個人都會犯錯，告訴他你小時候說謊或偷竊的經驗。孩子比較冷靜之後，可以跟他討論，如果大家無法彼此信任的話，社會或家庭將會如何混亂。談談成人面對的誘惑，例如逃漏稅。討論人格的價值，尊嚴的可貴。

不要逼孩子為了逃避責罰而不得不說謊。不要說：「你拿了餅乾嗎？」要說：「有些餅乾不見了，剛剛只有你在廚房裡。你知道我不希望你吃那些餅乾。我們該怎麼做，才能讓你拒絕誘惑呢？」對於高度敏感兒童，最好不要用「說謊」或「偷竊」這樣強烈的字眼。

如果你不以身作則，這些方法統統沒有用。例如，不要叫孩子謊報年紀以便買半票，不要叫孩子接電話時說你不在家。

◆衝突升高

有時候，事情就是一團糟。任何年紀的孩子都可能大發脾氣。高度敏感兒童被處罰的時候，常常因為過度刺激、感到羞恥或憤怒而大發脾氣。即使不發脾氣，他們也可能找出一大堆理由來說你錯了。這時候你要怎麼辦？

請讀第7章的「處理強烈情緒」。保持冷靜、同理，但是堅持原則。你可能需要一點時間才能冷靜下來。如果孩子年紀小，待在同一個房間，但是不說話。告訴他多久之後可以開始說話，最理想的是二十分鐘。強調這不是處罰。你也可以打開電視轉移孩子的注意。跟孩子說，等到大家都冷靜下來的時候再說比較好。

冷靜一點後，設法回到互相尊重的理性討論。要記得：感覺和喜好永遠沒有錯，我們表達這些感覺的言行才可能有錯。你可以說：「我知道你不喜歡，可以告訴我為什麼嗎？」「如果你不喜歡去上吉他課，那你想去上其他的課嗎？」「你以前很喜歡上吉他課的。可以告訴我現在為什麼不喜歡了嗎？我們可以跟老師談談，或是換個老師。」

給他選擇，暗示你們是平等的：「我無意惹你不高興，我也希望你能用冷靜、成熟的方式告訴我你喜歡什麼、不喜歡什麼。我一定會仔細聽，我們會一起找出解決辦法。」

試著協商出孩子同意的合理界限和責任，以及犯規時的處置。不要在吵架的時候單方面的決定如何處罰孩子。事後，以建立快樂家庭、健全人格、相互信任為基礎，大家都遵守規定和限制。你可以提出一項你很想改變，或孩子很希望你改變的行為，請孩子協助你設定界限及處罰。這樣一來，就不再只是孩子被成人處罰，而是大家一起改變不好的行為。

◆預防憤怒

尊重孩子的意願，因此，當你必須堅持的時候，他才會聽你的。說出正面和負面的觀點，讓孩子聽到有哪些衝突需要解決。例如：「我知道你不想為客人彈鋼琴，雖然我很想看到你彈，可是你不願意，那就不彈吧。」

讓孩子自己發現解決方法：「我知道你討厭逛街，但是你應該一起來，才可以自己選你喜歡的衣服。你想一想再跟我說，我們什麼時候可以一起去逛街，好嗎？」

越早讓孩子學會自我負責越好，讓孩子接受自然的現實後果——例如說，不肯準時上床的結果就是沒睡夠、忘記交作業的後果就是被老師責備、沒帶午餐錢的後果就是餓肚子、不把髒衣服丟進洗衣籃的後果就是上學沒有乾淨的衣服穿……等等。

◆需要避免的事情

處理說謊和偷竊，或是衝突激烈時，要注意以下原則：

避免激烈衝突。你必須溫和、強壯、堅定。如果是在公共場合或別人家裡，先離開，找個隱密安靜的地方，讓自己平靜下來，然後讓孩子平靜下來。還沒有平靜下來之前，不要討論這件事。

不要用愛來威脅孩子。不要說：「你再這樣，媽媽就不愛你了。」

不要做無謂的威脅或無法挽回的威脅。「你再這樣，就沒有人喜歡你了。」「上帝會處罰你，把你打入地獄。」

不要威脅或使用情緒、肢體暴力。暴力指的是任何會傷害孩子的言語或行為，例如「你這個笨蛋！」或打他一拳。

不要給孩子模糊的指示。例如：「到別人家的時候要乖。」或「注意路。」他們可能會一直緊張不已，或因為做不到而焦慮。

衝突時不要提到個人氣質。專注在議題和行為上。不要說：「你又在過度敏感了。」而是說：「你真的不喜歡那個味道，對不對？可是你需要吃藥。如果把藥混在你喜歡吃的東西裡呢？可以嗎？」

不要讓孩子利用自己的敏感操控別人。這個分寸很難掌握。我們常常為了避免衝突、處罰、罪惡感、無力感或羞恥感而試圖操控。假的、誇張出來的情感和真的情感不同，你會感覺得出來的。你要找出藏在後面的真正感情。「你說晚餐讓你噁心想吐。你害怕什麼嗎？」

如果找不出誇張言行背後的原因，就專注在孩子需要遵守的行為標準。「我知道你很想要那個玩具，得不到會死，可是我們同意過，今天只買一樣生日禮物。你可以安靜的跟著我，也可以自己去車子那裡等我，我回來以後，可以跟你談談你的感覺。」

如果你能夠同理他，認真看待孩子說的話，他等一下就會承認「噁心的晚餐」或是「得不到會死」只是在表達他的感覺而已。跟他解釋有其他的方法來表達自己。你小時候也用過這些心機，那只會讓別人覺得自己被利用了，逐漸不再相信對方的話。

祕訣四：討論「敏感」

許多家長遲疑著，不知道要不要跟孩子討論他們的敏感氣質。家長往往擔心孩子會覺得自己有毛病。我相信，所有的高度敏感兒童或遲或早會注意到自己與眾不同。你的意見可以讓他用正向的態度看待自己，可以讓他瞭解自己。如果孩子覺得敏感是個大問題，你可以盡量降低在孩子生命中「敏感」的重要性。如果孩子誤以為問題都是因為自己不夠好或是不夠努力引起的，其實只是他受到過度刺激，那你就可以強調敏感在他生命中扮演的角色。

你可能需要跟老師或保母談到孩子的敏感。你需要跟孩子先談過，否則他會知道你們在談論他，老師和保母可能跟他提起或改變對他的態度，於是他可能想像最糟糕的情況——例如他有問題。或者他會不再信任你了，因為你在他背後說他的隱私。

◆如何與孩子討論「敏感」這個議題

假設有一天你得和孩子談這個議題，以下是我的一些建議：

任何討論都需要根據孩子的年紀調整。不要讓孩子感到更加迷惑，例如不要說：「你生下來就和瑪莉蓮阿姨個性一樣。」他或許不怎麼喜歡瑪莉蓮阿姨。就算他喜歡這位阿姨，年紀小的孩子也不會瞭解「個性」是什麼。

一定要很清楚的讓孩子明白，他不是唯一有敏感氣質的人。「你喜歡安靜，一向就是這樣。你天生如此。你的舅舅喬也是這樣子。很多人都是這樣。」

跟孩子解釋說，每個人都有一些比較特殊的個性。「你注意過了沒？有些人天生就是脾氣比較不好？另外有些人卻天生好脾氣。你天生敏感，有些人卻天生不敏感。」

當敏感造成問題時，專注在如何解決問題上。例如可以說：「我們應該多帶一件毛衣的。」不要說：「因為你這麼敏感，才會覺得冷風不舒服。」

如果某個危機需要孩子付出最大的努力，不要用敏感做為失敗的藉口。不要說：「被拒絕了，你當然會不開心嘛，你那麼敏感。」而是說：「我看到你很生氣他們這樣對待你。發生什麼事情了？你覺得你應該怎麼做才好？下一次你可以怎麼做，讓事情結果不一樣呢？」討論具體解決方法，不要說些他無法執行的泛泛之言。

和孩子發生衝突時，不要利用敏感的氣質攻擊孩子。不要說：「你不能去——你知道你會過度興奮的。」或是說：「你又來了，這麼敏感。」

如果孩子抱怨敏感特質，提醒他敏感的好處。「我知道你沒辦法像保羅那樣公開演奏小提琴，因此心情很煩，可是記得嗎？老師說你拉得很細膩呢。就是因為你敏感，所以會覺察到觀眾。」

清楚表達孩子可以如何改變，何種改變則可能徒勞無功。「我相信你多多表演，就會比較放鬆了。你可能永遠不會像保羅那麼放鬆，但是如果你逐漸覺得聽眾都是你的朋友以後，你可能想要為他們演奏，那時你就會比較享受演出了。」

指出某些孩子認識並且欣賞的人可能也是高度敏感者。我們很難確定名人是否高度敏感。注意你看到的細節——某人小時候也很「體貼」「害羞」「敏感」。蒐集這種名人例子，尤其是孩子喜歡的領域。瞭解一下親友中有誰是高度敏感者，讓孩子知道，讓他們聊一聊。可以幫年紀大些的孩子找位高度敏感的人生導師。

◆跟別人談到孩子的敏感

和其他人談到孩子的敏感時——例如老師、教練、親戚、其他家長——一定要考慮對方是什麼人、當時是什麼情況。想一想下列問題：

● 有多少時間可以談這件事？

- 這個人接受新資訊的態度有多開放？對方是否很僵化，或是喜歡爭論？
- 你有權利期待對方好好聽你說話嗎？換言之，你是否付費徵求諮商？
- 以後是否必須跟對方好好相處？是跟陌生人說話嗎？還是想跟對方建立某種關係？
- 對方對你或你的孩子是否有影響力？
- 對方可能跟誰轉述你說的話？你的話是否會被扭曲？你是否會想要求對方保守祕密？他是否能夠保守祕密？學校的輔導室是否必須向孩子的導師做匯報？
- 還有誰在場？有任何孩子認識的人在場嗎？可能有人誤解你說的話，並且把話傳給孩子聽嗎？

當然，大部分的人會支持你，願意提供協助。不用多說，只要告訴他們，如果遇到問題應該如何處理比較好，例如保母、其他家長、親戚。跟年紀比較大的孩子討論，他願意別人知道些什麼——喜歡吃的食物、對什麼過敏、上床時間、安靜時間……等等。

▼簡短說明

不知道對方反應會如何，但是又必須解釋的時候，事先準備好簡短說明，例如：「你可能需要知道，我的孩子屬於15～20%的高度敏感兒童，他會注意到很多細節，所以很容易受到過多的刺激。」

如果對方表示有興趣，再告訴他更多細節。

▼快速反應

你可能需要事先準備好台詞，當別人說閒話時，知道如何反應。以下是一些常見例子：

別人說：「你的孩子好害羞。」

你可以說：「真的嗎？我都不覺得耶。她只是喜歡仔細觀察，熟悉環境。等她準備好了，就會放開來了。我認為她是高度敏感，能夠注意到所有的細節，而不是害羞。」如果孩子真的是很害羞，你可以說：「是的，她會覺察到別人怎麼看待她，可是一旦熟悉環境了，知道你喜歡她，就沒問題了。」

別人說：「你的孩子好敏感。」或「你的孩子太敏感了。」

你可以說：「我滿喜歡他的敏感耶。他做了什麼事情讓你不舒服嗎？」

別人說：「他有什麼毛病？所有的孩子都喜歡……」

你可以說：「事實上，研究顯示兒童喜歡的東西都不一樣耶，這要看天生氣質吧。」

別人粗魯對待孩子。

你可以說：「不，我的孩子不喜歡那樣。」「這樣子完全無法幫助他。」「那樣子對他，一點用也沒有。」不用進一步做任何說明。你已經說明立場了，只要堅持就夠了。

▼處理更大的衝突

如果有人堅稱你的孩子行為「不正常」，端出你做過的專業評量結果或專家的意見。例如：「他的小兒科醫生說，他的個性很正常，只是比較敏感而已。」提供你的知識：「我讀了很多研究報告，這種氣質的孩子有這種行為是很正常的。」如果對方堅持，就表示你相信他立意良好，但是這樣的談話一點幫助也沒有。然後轉換話題。

如果有人抗議特殊待遇，挑戰他：如果孩子有過動症、閱讀障礙、視覺受損、聽力受損的話，往往可以得到特殊待遇。如果一開始的時候，給你的孩子一點點特殊待遇，事情會順利許多。讓他明白你只是希望長遠下來，大家都能夠好好的。強調對方的目標，不要只強調你的孩子。

▼如果你選擇不出面說話

如果有人說出不正確的話，而你不出面糾正，一定要跟孩子解釋為什麼。你可以指出有些人完全聽不進去，或是你有其他的處理方法。

健康的自我界限

四個關鍵：提昇自我形象、減少羞恥感、適度管教、討論敏感。這四個關鍵也在協助孩子建立健康的自我界限。高度敏感兒童特別需要設限的協助，因為他們注意到太多細節，比一般兒童瞭解別人在想什麼、說什麼、有什麼感覺，因此容易忽略自己，需要學習如何建立個人界限。

系統理論裡有個很實用的隱喻，可以用來解釋任何事物——單細胞生物、城市、電腦、植物、機構、自我。系統理論指出，所有事物都有一個外在界限，把不同的事物分隔開來。這個界限必須允許系統需要的東西進來，並把有害的東西隔在外頭。

兒童需要做同樣的事情——感覺自己的界限，吸收有益的事物，阻絕有害的事物。有益的事物包括能夠建立自我形象的愛和回應。有害的事物就是讓他覺得自己有問題的訊息——長期的羞恥感、過度刺激的經驗。你現在知道如何用正向的態度看待敏感，也知道如何避免過度懲戒。

提高自我形象、降低羞恥感、合宜的管教、正向的態度都可以建立健康的界限。孩子會感到舒適自在，可以讓別人接近他，不怕受到傷害、拒絕或羞辱。他可以防止壞經驗進來，不會輕易的接受別人說他錯了，他會護衛自己的界限、意見和需要。他會對自己的判斷充滿信心。他會覺得自己有權利，甚至有責任，不讓有害的資訊進來。

我們都看過缺乏自我界限的孩子，以及他們低落的自我形象：「如果沒有人喜歡我，那我就做別人要我做的事情，讓他們喜歡我。」不管事情多麼有害，他們就是會去做。有些孩子願意做任何事情來停止內心的痛苦，有時乾脆想：「我不如死了算了。」

你的孩子不用走上這條路。你會協助他認識什麼有益、什麼有害，以自己的獨特性、需要、能力為傲，而不是引以為恥。你會在處罰孩子之前，先聽他的解釋。他會學到如何保衛自己。

應用：開啟「敏感」話題

1. 和配偶及孩子討論孩子的敏感氣質。一起決定要跟誰分享這方面的資訊，如何分享。如果他不想讓人知道，尊重他的意思，但是要跟他討論為什麼。這可能是去除羞恥感的機會。敏感有敏感的優點，雖然也有它的缺點。長久下來，你的孩子就不會在意讓別人知道了。
2. 如果孩子同意，準備好你的簡短聲明，對著孩子練習一下。
3. 想一下，遇到別人提起敏感議題，你會怎麼回應呢？

PART 2 成長過程的挑戰

第6章

好的開始

◇安慰、回應高度敏感嬰兒

本章先介紹大家如何認出和照顧高度敏感嬰兒，例如嬰兒經常哭要怎麼辦。你將瞭解孩子對你的覺察和記憶。然後我們會討論六個月到兩歲之間的幼兒需要，包括過度刺激及睡眠問題。我們也將談到六個月到一歲的敏感嬰兒特別需要的三件事情：依附、同調和自我調節。

新生兒──如何認出高度敏感嬰兒

目前還無法鑑定哪個嬰兒長大會高度敏感。有些嬰兒一出生就很有反應，遇到強烈刺激很容易哭。有些嬰兒即使吃得好、體重一直增加、沒生病，前四個月卻一直哭，每個星期至少有四天會哭三小時以上。

嬰兒愛哭的原因很多，有時就只是因為他的身體機能還沒有完全進入狀況，或是在反應家長的焦慮或家庭壓力。小嬰兒的憤怒和恐懼尚未分化，哭泣往往只代表壓力。即使哭泣是因為天生氣質，也不一定是敏感導致，可能肇因於情緒強度、高度活動力或低適應力。

許多家長表示，他們的高度敏感孩子在嬰兒時期並不常哭泣。這些家長把環境弄得很適合孩子，所以嬰兒沒有理由哭泣。例如說，愛莉絲本來好好的，某個晚上停電了，夜燈不亮了，溫柔的音樂也沒有了，她的父母才發現這個嬰兒有多麼敏感。

不論家長如何細心照顧，有些嬰兒就是愛哭。

所以，光是看愛哭不愛哭，無法識別高度敏感嬰兒。我們要怎麼辨識呢？瑪莉亞的媽媽注意到瑪莉亞才兩週大就可以和人四目相望，眼睛會跟著母親移動。其他家長也提到初生嬰兒的注意力。這似乎是一個很好的鑑別特質。

如果孩子高度敏感，你能做些什麼呢？在這個年紀，你其實不需要特別做什麼。

◆回應是萬靈丹

所有的初生嬰兒都只需要父母做一件事情：回應。這是嬰兒身心健康發展最重要的元素。父母要滿足嬰兒的需要，對嬰兒的情緒做出回應。嬰兒或許需要接觸、更多的刺激，也可能需要保護、更少的刺激。

新手父母可能很難瞭解初生嬰兒的需要。嬰兒不會說話，除了不開心以外，不會表達任何訊息。父母必須直覺的猜到嬰兒需要什麼。有時候，即使是最敏感的父母也不見得知道嬰兒需要什麼。但是隨著經驗增加，父母就能學會回應。對於高度敏感嬰兒，父母需要學習得更仔細。

刺激不足或刺激過度的時候，所有的嬰兒都會哭。剛出生的頭幾週，這是他們哭泣的唯一原因。如果刺激不足，他們哭，吸引大人注意。如果有讓他們痛苦或不舒服的過度刺激，他們也哭。例如說，太熱、太冷、太餓、太吵、尿布太濕。年紀大一點以後，嬰兒對不同的刺激才會有不同的反應。

不分年紀，高度敏感的人總是比一般人更容易受到過度刺激。嬰兒可能會把臉轉到一邊，或是扭來扭去，以避免過度刺激。但是你可能誤會了這些跡象，以為嬰兒需要被抱起來、餵奶、玩耍或搖晃，結果更進一步的過度刺激他。事實上，他可能正在表示：「不要——我受夠了！」

◈如何減少嬰兒受到的刺激

如果嬰兒看起來很健康，但是常常哭，你可以試試以下的方法，看看是否會有幫助。如果哭泣沒有減少，嬰兒可能有其他需要，我們會在下一節接著討論。

- 注意不要跟孩子玩得太瘋。
- 盡量減少嬰兒床裡的玩具、掛飾、圖片。
- 減少嬰兒聽到的聲音。裝地毯和窗簾。音樂關掉或關小聲。溫柔的小聲說話。新生兒最需要的刺激就是類似子宮裡的刺激——搖晃、緊緊的抱住、媽媽的聲音。
- 建立嬰兒喜歡的生活節奏。洗澡、餵食都盡量保持固定的時間和方式。有些嬰兒一開始就很有規律，有些嬰兒需要成人幫忙建立規律的習慣。
- 少帶嬰兒出門或接見訪客。
- 只用最柔軟的棉質、簡單、花樣固定的嬰兒衣物。
- 調整室內溫度、食物、洗澡水的溫度，盡量讓嬰兒舒服。
- 睡前習慣固定，讓睡覺時間很舒服。保持房間安靜、光線暗淡。
- 把嬰兒背或抱在身上。實驗顯示，如果母親每天用背帶背著嬰兒兩小時，六週後，這些嬰兒比控制組嬰兒每天少哭一小時。在成人懷抱裡的嬰兒會感到安全。如果你必須帶著孩子去高度刺激的環境，一定要把他抱在懷裡。

- 每天帶孩子去戶外小睡一會兒。人在戶外總是比較放鬆。只要天氣夠好，就讓孩子在戶外，睡在嬰兒車裡。
- 一歲之前避免搬家或旅行。
- 自己要保持寧靜，避免任何壓力。在嬰兒身邊時不要生氣。保護他不受兄姊欺負。找個性溫暖的保母。

◆寶寶哭了，怎麼辦？

寶寶一哭，你就會本能的想安慰他，讓他不要哭。兒童心理學者認為，有時候，哭泣可以讓寶寶釋放情緒壓力，對於活動力高、情緒強烈的寶寶尤其重要。我們需要鼓勵嬰兒釋放情緒。

寶寶哭了，怎麼辦？首先，不要讓寶寶一個人在那裡哭。如果寶寶沒有身體上的不適，就讓他哭，但是陪著他。坐在舒服的椅子裡抱著寶寶，看著他的臉。如果他扭著身體不讓你抱，就溫柔的觸摸他。不要搖晃他。深深吸一口氣，放鬆，想想你對他的愛。跟他說：「我愛你。你很安全。哭一哭沒關係。」跟他說說問題可能是什麼，他可能有怎樣的感覺。如果你也想哭，就跟他一起哭。

對於高度敏感兒童，有時候需要讓他獨處一下。如果這一天太長了、壓力太大了，你覺得他可能受到過度刺激，可以帶他到他的房間，讓他上床休息，你只要坐在旁邊，把手放在他身上。肢體壓力特別可以撫慰高度敏感兒童，讓他知道你還在那裡。如果孩子已經受到過度刺激了，不要試圖抱他或跟他說話。

把嬰兒當做一個完整的人看待！不要把嬰兒當玩具逗弄。跟寶寶說話，告訴他你要做些什麼，為什麼要這麼做。嬰兒也是人，他們理解的比你想像的多得多。

◆如果寶寶還是常常哭

平均而言，新生兒每天哭兩小時，一個半月後，每天哭三小時，三個月後，每天哭一小時。敏感嬰兒受到過度刺激時，可能哭得更多。如果寶寶已經四個月大了，還是每週至少三天，每天哭三小時以上，或是一哭就哭上兩小時，就需要注意了。

減少刺激通常能解決問題。如果還是不能解決問題，就要找專業人員想辦法了。

有一項研究追蹤一出生就非常愛哭的嬰兒，發現他們到了一歲大仍然非常愛哭，和母親的依附關係不完全。這項研究也發現這些母親對嬰兒比較沒有反應，比較不投入。母子關係越來越疏遠。其中有五十位母親接受了如何安慰嬰兒、如何和嬰兒玩耍的訓練，她們的寶寶一歲大時比較有反應、比較不哭。這些嬰兒也比較喜歡與人互動、比較聰明、依附關係比較健全。

在這個階段，親職工作在體力上很累人，但是心智挑戰不大。光是靠著你的直覺以及和寶寶之間的微妙互動通常就夠了。

◆不要低估敏感嬰兒

因為我們已經不記得自己的嬰兒階段了，就以為嬰兒都不記得發生了什麼事情，也不瞭解發生了什麼事情。大錯特錯。

我剛生完老大，出院以後暫時住在朋友家。寶寶一直哭，我抱著他、安慰他，完全沒用。過了一會兒，生養過六個孩子的這位朋友終於要求讓她抱抱。她一抱起寶寶，他就全身放鬆，不哭了。她做的動作跟我做的動作根本沒有不同！但是寶寶知道她很放鬆，我很緊張。

新生兒的學習能力和記憶力完全不像我們想像的那麼被動。他們記得照顧他的人，知道如何與這些人相處。嬰兒具有絕佳的內化記憶能力——無意識的、不用語言的記憶。敏感成人顯然具有比較強的內化記憶力，敏感嬰兒必然也是如此。

嬰兒會認得並且比較喜歡父母的臉和聲音，即使是陌生人說話，也比較喜歡對方說的是母語。相較於母親的聲音，嬰兒比較不會辨認父親的聲音，因此，這個能力可能從胎兒時期就開始了。學習能力隨著年紀逐漸加強，到七個月的時候，變得非常明顯。

無助的嬰兒需要成人照顧他，因此，出生後最重要的學習就是辨認各種情緒線索。做出面部表情、瞭解面部表情是所有靈長類的特質。靈長類的面部皮膚都有肌肉連結，腦部有用來理解細微表情的區域。人類嬰兒很早就會辨識臉和表情。事實上，他們特別喜歡看人的臉。孩子最喜歡看的就是你的臉，需要從你的表情學習並獲得肯定。這種聲音可以嗎？你喜歡我輕聲細語嗎？

實驗顯示，如果母親面無表情，嬰兒會非常不安。如果讓母子待在不同的房間，用攝影機攝錄雙方表情，讓他們從螢幕上看得到對方，他們會像平常一樣的互相做出表情回應對方。但是如果把錄影延後一點播放，讓互動的時間錯開，嬰兒就會極度不安。嬰兒知道不對勁了。他需要從你這裡得到知識、安慰、保護，才能生存。

照顧新生嬰兒，反應是最重要的因素。敏感嬰兒瞭解你的情緒，同時也要知道你瞭解他的需要。高度敏感嬰兒天生右腦較為發達，情緒和社會行為能力較強。他會注意、學習、記住你的一切。你要表達自己，用表情和話語告訴他，你覺得他的感覺如何、你的感覺又是如何。

二到六個月——如何回應寶寶，又不過度刺激他

從兩個月起，嬰兒就會比較有反應了，會表現出快樂、好奇和憤怒。他會注意到環境中

的新元素，變得非常喜歡社交互動，即使是一個人獨處也會吱喳說話。

這個時期的嬰兒仍然把父母當做「自我調節器」，幫助他調整情緒和生活、安慰或刺激他、決定一件事情是好還是壞、跟他玩、餵他……等等。絕大多數的事情都是你在做，你的存在異常重要。敏感嬰兒很容易受到過度刺激，必須靠你來調節刺激的程度。這可能很難，因為大家都說這個階段的嬰兒需要大量的玩具、音樂、互動。讓我們看看其他文化的做法。

◆喔，當個荷蘭寶寶有多好！

每個文化都會偏愛和鼓勵某些特定的天生氣質。康乃狄克大學（University of Connecticut）的蘇佩爾（Charles Super）和郝克尼斯（Sarah Harkness）在荷蘭住了一年，觀察荷蘭人對撫養孩子、看待天生氣質上，和美國人的不同。

荷蘭人認為，天生氣質根本不是問題。他們強調休息、規律、整潔。根據研究，荷蘭嬰兒比美國嬰兒每天平均多睡兩個小時。醒著的時候，荷蘭寶寶比較安靜，不像美國嬰兒那麼不安。

美國嬰兒活動量比較大，因為母親會給嬰兒較多刺激。美國母親比較會跟嬰兒說話、撫摸嬰兒、逗弄嬰兒。

美國嬰兒習慣有較多活動，在嬰兒四到六個月大的時候，這些習慣就已經定型了。美國兒童早上比較安靜，黃昏時比較不安靜。荷蘭兒童則相反，隨著一天的時間過去，會越來越安靜，準備上床睡一大覺。

美國兒童比較受到成人鼓勵或允許，可以堅持己意、提出要求、獨立。荷蘭兒童則需要安靜、有教養。成人聊天時，兒童可以在場，但不是大家的注意中心。

荷蘭的家長不會晚上七點以後還出門。大家都覺得，父母應該送小孩上床睡覺。如果學校前一個晚上有活動，第二天一定讓學生延後上學，以便補眠。

荷蘭人的這些做法都對高度敏感兒童的成長有利。

我們必須提醒自己，我們習以為常的種種做法都只是眾多方法之一而已。

◆不要過度刺激嬰兒

有時候，家長不知道自己正在過度刺激孩子。幼兒很有趣，你可能不知不覺的就跟他玩過頭了。有一個母親總是在跟孩子玩遊戲，孩子受不了經常被刺激，學會了轉過頭去，或是低頭、閉上眼睛，避免正視母親的臉。這個嬰兒學會走路之後，乾脆離開房間。這個孩子後來盡量避免跟人有親密接觸。另外一個年齡、狀況相似的嬰兒沒有選擇逃避，而是學會了聽話。他就這樣呆呆的看著空中，被動的接受一切。這些都是受到過度刺激的敏感兒童可能採取的對應策略。

家長可能因為種種原因過度刺激嬰兒：敵意、需要控制、不敏感、過度在意嬰兒對他的排斥。不瞭解嬰兒的敏感特質也可能造成過度刺激。

現在你知道典型的壓力徵狀了：哭泣、轉過頭去、低頭往下看、緊緊閉上眼睛、呆呆看著空中、不開心的表情。嬰兒需要在私人空間和人際親密之間達到平衡。他必須學會在滿足自我需要和滿足別人需要之間自在的轉換。

你也需要提醒自己，不要過度保護孩子。讓敏感的嬰兒接觸一些壓力可以減低未來受到刺激時的反應。成人需要提供嬰兒適量的刺激和挑戰。何謂適量呢？你需要注意孩子能接受多少刺激、哪些刺激有效。一開始需要嘗試，漸漸的，孩子應該會越來越喜歡你給他的刺激，也越來越安靜了。

◆六個月大時的睡眠問題

六個月大的時候，許多敏感嬰兒比一般嬰兒更難入睡。他們的覺察力更敏銳了。這個年紀的嬰兒中，大約有四分之一睡不安穩。

怎樣才算正常睡眠呢？隨著年齡，嬰兒的睡眠問題在前半年往往不減反增。五個月大時，半夜十二點到早上五點之間，只有10％的嬰兒會每週醒來超過三次。到了九個月大，有20％的嬰兒會醒來。之後，整夜熟睡的比例才開始攀升。

過度刺激往往是造成失眠的原因。你必須注意是否過度刺激嬰兒，讓他晚上睡不好。可能睡前噪音或刺激太多，或是夜晚噪音太多。我不喜歡讓嬰兒自己哭到睡著，畢竟，他們只是在表達不想被拋棄的本能。要嬰兒壓抑住這個本能必然極為困難。然而，有時候即使是你的安慰也太刺激了，唯一的解決之道就是讓孩子在黑暗中哭到睡著。這都要看情形。

我兒子六個月大的時候，非常難以入睡，我們都極度缺乏睡眠。有個晚上，我們把他放在小床上，讓他哭。那天，房東正好在院子裡宴會。她跑來抗議，說寶寶的哭聲吵到她的客人了。

怎麼辦呢？如果我們去安撫兒子，他就會學到：「只要一直哭，爸媽就會投降。」我們想到一個簡單而奇怪的解決辦法：我們用被子蓋住嬰兒床，遮住哭聲，只留一個縫讓空氣流通。他馬上就睡著了。

之後，我們搭了個帳篷，裡頭放個小床墊，帳篷上面又鋪了很多層毯子，留個縫讓空氣流通。寶寶睡在裡面，聽不到外面的聲音，看不到光線，感覺受到保護，他總是馬上就睡著了。

不管到哪裡旅行，我們都帶著這個帳篷。以前住旅館的時候，他總是哭個不停。後來寶寶總是安然睡在他熟悉的洞穴中。直到三歲他才開始睡單人床。他的大學宿舍房間裡就放了個睡覺用的帳篷。

▼其他解決方法

如果孩子一直睡不好，醫生有時會建議使用溫和的安眠藥物。你也可以問醫生能不能使用溫的洋甘菊（chamomile）茶代替，記得一定要詢問過後才使用。

有的醫生建議讓孩子躺在你的懷中哭到睡著。可是有的孩子靜不下來時，抱著他只會使他更激動，有的孩子則會漸漸靜下來。

半歲到一歲大——依附、同調與自我調節

十個月大左右，嬰兒會不喜歡被陌生人抱，甚至不喜歡看到陌生人。敏感的嬰兒可能從小如此，這時益發嚴重。他會比較以前的經驗和新的經驗，決定是否熟悉、是否安全、是否有過類似經驗，是否可以放輕鬆去熟悉它。他也會注意你的反應，做為參考。

這個年紀的嬰兒已經會爬了，甚至開始走路了，你的面部表情就是他的主要參考。實驗顯示，在透明壓克力地板上爬行的嬰兒，爬到「視覺懸崖」（壓克力地板下面的花紋暗示嬰兒此處有高度變化）邊的時候，會看他的母親。如果母親微笑，嬰兒就會繼續爬。如果母親皺眉頭，他就會停下來。他們會看自己的母親，不是看房間裡其他的人。他們知道誰在乎他，誰照顧他。

這個年紀的嬰兒會信任少數照顧他的人，形成緊密的依附關係，對別人則會小心謹慎。

他很清楚從照顧他的人那裡會得到什麼反應，不論是好的還是不好的反應。

◆敏感嬰兒的依附關係（attachment）

所有的嬰兒都會對身邊親密關係有所期待，形成依附關係。這個依附關係的模式從嬰兒期開始，一旦形成，很難更改。人的一生都會依照這個模式有所期待，影響所有的友誼和婚姻關係，影響到一個人的人生觀是樂觀或悲觀，也微妙的影響一個人的身心健康。

依附關係對敏感嬰兒的影響更甚於對一般嬰兒的影響。大約40％的依附模式缺乏安全感。高度敏感者也不例外，但是受到的影響更嚴重。

如果高度敏感兒童覺得依附關係很安全，遇到新環境或高度刺激時，一開始會像典型的敏感者一樣被嚇到，但是接著就會安靜下來。如果他覺得依附關係不安全，就會嚴重受到威脅。依附關係讓我們在面對陌生危險的環境時，知道向誰尋求保護。高度敏感者的特質就是會注意到危險，因此特別需要安全感。我們可以想像，高度敏感的人一生持續面對新的狀況，覺得一切都要靠自己，隨時可能完蛋。每件事情都變得很可怕，沒有希望。研究顯示，如果童年幸福，高度敏感成人並不會比一般人更焦慮或更憂鬱，但是如果童年生活不幸福，高度敏感成人就比一般人更容易焦慮或憂鬱。若是希望高度敏感兒童成長為健康快樂的成人，嬰兒時期安全的依附關係至為重要。

▼不同的依附模式

缺乏安全感的家長比較容易養出缺乏安全感的兒童。幸好，覺察確實會有幫助。以下描述不同的依附模式，請你看看自己是哪一種依附關係。

對依附關係具有安全感的人預期別人會愛他、喜歡他、照顧他。你跟人親近時覺得安全，生活處事覺得安全。好像在不遠處或是在你心裡，有一股溫暖的寧靜，從你的心靈深處跟另一個人的親密連結延伸出來。

缺乏安全感的依附關係有兩種。一種是焦慮依附。這種兒童會很黏人，害怕獨處，害怕不被愛或被拋棄，總是要黏著不放。焦慮模式往往來自於不可靠的家長。嬰兒的需要有時獲得滿足，有時沒有，一直在擔心如何獲得父母的照顧。

如果家長不想要這個孩子，忽視他、虐待他、過度侵略或過度刺激他，孩子就會形成另一種缺乏安全感的依附關係：逃避。逃避型的嬰兒盡量減少和家長的接觸，無法放輕鬆去探索新環境，因為他們必須隨時注意是否會有麻煩，如何獲得照顧。他們會試圖自保，比較不流露情緒，成年後會避免形成親密或彼此依賴的關係。

▼建立安全的依附關係

高度敏感嬰兒注意到每件事情，很容易緊張起來，因此環境必須有些限制。父母必須基於孩子的需要，而不是基於父母的恐懼和壓力，給嬰兒適當的回應。

大部分的父母出於直覺就會自動調整自己的行為，但是有幾個地方還是需要特別注意。首先，第一年的時候，盡量不要讓嬰兒和主要的照顧者分開幾小時以上。如果你僱用保母，盡量用同一個保母，不要換。實驗顯示，出生即獨處長大的猴子，成年後無法交配，常常和其他猴子打個你死我活，還會撞頭、自殘或過度飲食。和母親分開時間較短的猴子長大以後行為正常，只有壓力太大的時候會變得焦慮。

你也需要盡量減少自己和嬰兒身邊所有人的壓力。實驗顯示，如果猴子母親得到的食物分量不穩定，牠的嬰兒看似正常，但是成年後會比較膽小、害羞、容易依賴任何一個牠找得到的成年猴子，而且和沒有母親的猴子一樣，有焦慮和憂鬱的徵狀。

最後，高度敏感兒童特別需要照顧者有彈性、溫暖、支持，對孩子有反應。如果母親憤怒、處罰孩子、對孩子不理不睬、缺乏彈性，孩子就會缺乏安全感。對於一般兒童，這些行為造成的影響比較小。

◆同調（attunement）

對六個月到一歲的嬰兒，第二個重要的影響就是同調，這也是形成依附關係最重要的力量。同調指的是那些細微的互動，當嬰兒表達情緒時——興奮、恐懼、高興——你會表達相對的回應，表示你瞭解他的意思了，而且能夠同理。這樣的親子互動可能每分鐘都在發生，不論是安靜的時候，或是嬰兒探索新環境的時候。

在所有的年紀，同調都很重要，但是在這個年紀至為重要。九個月大之前，嬰兒發出聲音表達情緒，你會用同樣的聲音回應他，他說「嗚啊」，你也說「嗚啊」，他說「嘎嘎」，你也說「嘎嘎」。九個月大之後，你可能用不同的方式回應他。如果他把臉擠成一團，你可能不會把臉擠成一團，而是發出一些適當的聲音回應他。他抬起頭笑，你可能說：「好棒喔，對不對？」你的表達方式和他不再一樣了，但是情感的強度、能量、節奏還是會很相近。同調的行為讓嬰兒感覺到你是不是真的在現場。跟不同調的照顧者在一起比較沒有安全感，不同調的照顧者比較不會對嬰兒表現出的恐懼或焦慮做出迅速回應。

在這個年紀，你用不同的方式回應嬰兒，讓他明白，你不只是在模仿他的行為，而是你也有同樣的情緒。「媽媽現在跟我的感覺一樣。」這些短暫但是重要的時刻，是親子之間的重要溝通——彼此分享經驗，而不試圖改變對方的想法或做法。這些時刻對於嬰兒感情世界的發展非常重要。

▼從不同調中學習

一般而言，同調經驗是不知不覺間發生的，嬰兒和母親都不自覺。如果要求母親對嬰兒做出比較多或比較少的回應，嬰兒會立刻停下來，看著母親，好像在說：「發生什麼事情了？」大部分的家長發現，很難做出不同調的回應。對嬰兒而言，也很辛苦。

研究者也觀察到，所有的家長都會偶爾跟孩子不同調。沒有人能夠一直理解別人的經驗。有時候，家長也會刻意不同調，來刺激孩子。每個家長都會選擇性同調，跟孩子溝通他們的恐懼、不悅、幻想。例如，家長可能不會和孩子一樣，對弄髒衣服的行為表現出興奮的情緒。因此，家長對孩子表達了自己贊同或不贊同某種情緒或行為。

身為高度敏感兒童的家長，你可能會經驗到某些特定的不同調。你可能希望孩子更堅強或更快樂，因此未能完全尊重孩子的不舒服或恐懼。如此一來，不舒服或恐懼就成為無法表達、無法分享的情緒。這些不被接受的情緒很難獨自消化。

即使還是嬰兒，高度敏感兒童對失望或做錯事情就已經很敏感了，如果你只對安靜、服從的行為同調，孩子可能會變得異常聽話。即使你不那麼贊成，對他們也不要太嚴厲。如果你不想讓嬰兒遂其所願，至少留一些空間讓他抗議、讓他表達不滿，甚至要鼓勵他表達這些情緒。

這些覺察可以讓你成為更敏感的家長，更能對孩子做出回應。如果你覺得很難與孩子同調，試著瞭解自己為什麼想改變孩子的行為，而不是一味的試著改變他。

▼獨處

當然，我們並不需要隨時讓嬰兒有人際互動。研究顯示，獨處讓腦部意識到自己的存在，得以重新建立平衡。敏感的嬰兒就像敏感的成人，需要更多的時間獨處，因為他們喜歡深刻的、徹底的處理所有資訊。敏感嬰兒往往表示希望獨處，所以你需要和嬰兒同調，瞭解他何時需要獨處。依附關係裡的安全感不是靠相處時間的多寡決定，而是照顧者對嬰兒的需要是否提供適當的回應。嬰兒想要獨處的時候，讓他獨處，會讓他更有安全感。

獨處時，孩子可以想到你，知道你雖然不在眼前，卻仍然存在。這也會增加他的安全感。再者，等到他需要你的時候，他會呼喚你，因此學習到他自己的感覺、知道如何採取行動、知道他的行動將帶來何種反應。如果你總是在場，他就永遠學不到這些了。

◆自我調節（self-regulation）

第三個重要影響就是從十個月大左右開始，持續終生的自我調節——越來越知道自己的情緒有些什麼選擇。你的孩子會注意到什麼有效，跟你的同調經驗會讓他發現，有些東西不好吃、他不想一餓了就什麼都吃、在面對又大又可怕的東西時不要顯露出害怕的情緒，或許他會發現有些可怕的大東西其實很有趣。

對高度敏感兒童，這些經驗都異常重要，因為這表示他們可以擺脫自己的停下來檢查系統，或是勇往直前系統的控制了。他們會因為陌生而謹慎，但是仍然決定採取行動。這讓他們更有彈性。當高度敏感兒童能夠自我調節時，就能夠控制自己天生的謹慎性格，不至於陷入恐懼。

▼自我調節的來源

某部分的自我調節能力是天生的。具有高度理解能力的兒童自我調節能力較強，因此，高度敏感兒童通常具有較強的自我調節能力。孩子也會從父母那裡學習自我調節。他從你的身教中學習，也從你對他的選擇性不同調中學習。他會知道你贊許怎樣的反應，例如，他從你身上學到，聽到很大的聲音時可以遮住耳朵，或是從你的微笑學到，他可以摸摸兔子，不會被咬一口。

這時候，你會看到同調行為的正面影響。如果你用同調行為鼓勵孩子探索，孩子就比較不會被自己的謹慎壓抑住。如果你不鼓勵他探索，孩子到了十個月大，很可能已經過度壓抑自己了。

依附關係會影響同調行為。缺乏安全感的高度敏感嬰兒，很少感覺到父母的同調反應，或是總是感到不同調，因此無法發展出良好的自我調節能力。他會無法忽視自己的停下來檢查系統，因為他面對挑戰時缺乏支持。

最後的提醒

要記得，沒有任何父母能夠隨時隨地回應孩子。有時候，我們就是搞不懂如何幫助孩子入睡，不瞭解他為什麼哭個不停。

沒有任何父母能夠總是跟孩子同調。有時候，我們不知道孩子需要什麼，有時候我們知道，但是太累了，有時候，我們的價值觀和文化可能使我們無法同調。確實，完全的同調會形成過度融合，孩子將無法體驗屬於他個人的、隱私的、獨有的情緒。他只會擁有你和他共享的情緒。

最後，沒有任何父母能夠是自我調節的完美模範。面對過度刺激的高度敏感兒童時，家長更難保持自我調節。

嬰兒很麻煩。高度敏感兒童更麻煩。但是要提醒自己，短短十年後，這個小嬰兒就大了，可以是你的好朋友。所以，現在就視他為你的好朋友一樣對待。在這個年紀，親子之間可以有一段甜蜜、親近的時光，深深的影響父母子女的一生。盡量享受吧。

第7章 家裡的幼兒

◇適應改變及處理過度刺激的問題

本章討論一到五歲的幼兒，(1)協助孩子適應改變；(2)降低非必要的過度刺激；(3)處理強烈情緒。本章也會特別討論一兩歲的幼兒，針對特定議題提出建議，例如選擇衣服和食物、穿衣、入睡、乘車等等。

高度敏感兒童的最大問題就是過度刺激，而最大的刺激就是家居生活的改變。不論是嘗試新食物、改變日常作息、等待太久、玩到一半要吃飯了或上床了、到保母家、換新的保母，最後總是變成抗拒和不快樂。意外的發展、忽然的改變、新的經驗和新的要求對高度敏感兒童都特別困難。

調適變化

每個改變都將帶來一大堆新的資訊，難怪高度敏感兒童會有困難了。站在孩子的角度想想：所有的準備工作都必須重新評估，新的挑戰需要更多資訊處理及計畫。

改變可能是從一個熟悉的人、地方、活動、物件轉移到另一個熟悉的人、地方、活動、物件，也可能是轉移到新的人、地方、活動、物件。有些高度敏感兒童同時也喜歡新奇刺激，喜歡新經驗，但是調適仍會是一項挑戰。實際狀況可能比他事先想像的更為刺激。

◆艾麗絲的故事

艾麗絲三歲，一點也不害羞，會跟人家說她喜歡什麼或不喜歡什麼。她喜歡同樣的椅子、同樣的衣服、同樣的食物。她不喜歡陌生人到家裡來，更不喜歡這些人碰觸她。她不喜歡陌生人盯著她看。母親堅持要她跟客人打招呼，她就把手舉起來放在臉上，假裝是眼鏡，以避免直接被看到。她上幼兒園時，頭幾個月都不肯說話。在家裡和朋友玩的時候，卻話多得不得了，還會開玩笑、唱歌、表演呢。

艾麗絲會留意忽然的、不愉快的驚奇，她會注意別人的反應。如果有其他小孩被處罰，她就會注意自己不要犯規。如果老師讓其他小孩坐在老師腿上，她就會宣布自己不喜歡坐在別人腿上。她從來不發脾氣，表現得非常「成熟」。但是她知道自己要什麼，懂得堅持。她母親說：「她的智慧超過她的年紀。」

其他高度敏感兒童不見得都像艾麗絲個性這麼強，但也都不喜歡變化。

◆如何協助孩子調適變化

雖然不喜歡變化，高度敏感兒童卻必須學會適應。生活並非一成不變，而是充滿了新的挑戰。我們要如何協助孩子適應變化呢？

確實瞭解：對於高度敏感兒童而言，改變非常具有挑戰。你的孩子並不孤單，也不是異常。藍道很晚才放棄尿布和奶瓶，家長必須不斷的鼓勵他。艾麗絲不喜歡新衣服。改變都帶來新的刺激，而高度敏感兒童又容易接收到特別多的訊息。新的食物不只是新的食物，也是一些奇怪的味道、奇怪的香味、奇怪的觸感。

相信你的孩子最終會接受改變。你可以把新衣服放在床上讓他逐漸熟悉，可能過幾天他就肯穿了。有些適應需要更多時間。艾麗絲喜歡吃冰淇淋和巧克力醬，可是不肯放在一起吃。她可能一時之間不會改變心意，但是我敢打賭，過個幾年她一定肯了。

當你知道會有改變時，幫孩子做好準備。讓他保持在健康、強壯、睡夠了、吃飽了的狀態下。在這個年紀，幾乎所有的行為問題都有生理因素——累了、餓了、快要感冒了、耳朵痛、過敏、太熱、太冷、太渴。這些情況可能發生得很快，對敏感兒童的影響更大。你應該調整你的期待。

為了保持健康，一定要讓孩子有時間運動和接近大自然，尤其是用到關節的運動，例如跳繩、在床墊上跳來跳去。這些運動更能讓孩子熟悉自己的身體。

孩子心情不好的時候，不能要求他適應改變或壓力。可以等他情緒變好之後再說。**不要高估孩子的能力**。高度敏感兒童看起來非常成熟，家長容易忘記孩子其實還很小。例如，孩子不一定真正懂得生活改變的原因，他們心裡想的原因可能讓他們壓力很大。例如，他們可能以為爸爸離開或狗狗死掉是他們的錯。這個年紀的孩子還不會分辨想法、幻想和現實。高度敏感兒童長於思考，於是更容易受到這些想法的影響。孩子不容易明白，改變和情緒都不會是永遠的。你不在，他覺得難過，在他看來，你好像是永遠不見了，他的傷心好像永無休止。高度敏感兒童感受比較深刻，尤其會覺得「此情無盡時」。

一般而言，你越是不逼他，他越可能早一點接受改變。他知道你要他改變，你不逼他，他就不需要同時面對你要他改變的壓力。你們也不會因此陷入權力鬥爭。

不要讓孩子覺得無力。過度刺激常常讓孩子覺得無力。「事情違反我的意願，我沒辦法阻止。」無力感對自我意識絕對不是好的影響，幼兒需要覺得有影響力。高度敏感兒童可能覺得：「我受不了這種情形，我可能會失控。」

重建信心的一個方法是讓孩子選擇何時、如何改變。「關燈之前，你要我讀故事還是唱歌給你聽？」「你想在吃飯以前收玩具，還是等下再收？」但是不要給他太多選擇，一次只給兩個選擇：「你要穿裙子，還是穿長褲？」然後再問：「你要穿這件裙子，還是這件？」

新的食物或衣服也會引起其他問題。食物和衣服都和身體直接產生關係，可能引起不適。要跟孩子再三保證，你不會硬逼他吃、逼他穿，或逼他做任何不舒服的事情。只要跟他分享自己以前適應新事物的經驗就好了。

知所先後。不要一下子做過多改變。這個月努力適應新床。下個月努力戒掉奶嘴。

用遊戲讓孩子放輕鬆。如果孩子過度抗拒改變，總是在說：「我不喜歡怎麼辦？」「我不會，我可能做錯。」試著用遊戲的方式讓孩子放鬆。編故事、玩想像遊戲、鼓勵玩耍，包括需要快速做出決定的遊戲、會弄得髒兮兮的遊戲，或是暫時讓事情變得沒有定論、令人迷惑、亂七八糟。常常讓他把身體弄濕、弄髒，不要急著整理乾淨。讓這一切充滿幽默、創意，但是不要取笑孩子，也不要拿他跟其他孩子比較。

◆順利轉換環境

我們經常必須從一個熟悉的活動轉移到下一個活動。轉移活動需要處理許多資訊。晚餐時間到了，廚房傳來陌生的氣味。孩子可能正在玩很有趣的遊戲，樂在其中。以下的建議乍看好像是你在做所有的工作，但是孩子會慢慢學會這些步驟，你等於是在教他適應的技巧。

事先給孩子警告。「再五分鐘」「再一分鐘」。用計時器，讓孩子看到時針轉動。時間到的時候，要堅定執行。

盡量保持延續性。「如果你想的話，可以把卡車帶到餐桌旁邊。」雖然廚房傳來的氣味不熟悉，你可以指出你煮了什麼熟悉的食物。你也可以告訴他吃完飯，遊戲還會在那裡。

提供值得期待的事：「你出來以後，我們擦乾身體，喝一杯熱可可，然後上床。」

讓事情幽默好玩。可以一邊爬著進臥房、一邊哞哞叫，說自己是「送小朋友上床睡覺的牛」。

用辦家家酒的方式轉移。用洋娃娃或絨毛動物演戲：「小朋友還在玩，可是晚飯已經好了耶。怎麼辦呢？」

給他選擇。「你要我幫你擦乾，還是你要自己擦乾？」「你要我說故事，還是陪你唱歌？」這個方法可以讓孩子覺得不那麼無力，比較不會抗拒，不但可以節省時間，也可以建立他的自信。

過度刺激

過度刺激來自改變，也來自太長太累的一天、太多的噪音、太多的事情。孩子早上睡飽了起來，像是汽車加滿了油，每個經驗用掉一點油。想一想，油量低了或用完了的時候會怎麼樣。以下是一些建議：

學習辨識過度刺激的跡象。每個孩子的跡象不同，通常包括過度興奮、容易發怒、揉眼睛、喊叫、抱怨、餓了卻拒絕吃東西。

休息。如果有休息時間，孩子通常會很快恢復正常。

減少不必要的刺激。尤其如果一天中會有很多刺激的話，就要特別注意。例如說等一下得一起出門辦事情。

盡量提供緩衝。在戶外活動使用驅蚊劑、看煙火使用耳塞、去沙灘準備乾的換洗衣物。

讓別人照顧孩子時，要求他留意孩子受到的刺激量。接孩子的時候，問一下他都做了些什麼活動，藉以評估孩子還有多少能量剩下。

處理強烈的情緒

敏感的心靈會注意到很多事情，思考這些事情，並因此產生情緒反應。想得越多，反應就會越強、越複雜。可能先害怕，然後痛恨這件事，然後生氣，開始擔心別人對你的感覺會怎麼想，然後想到這件事的優點，自己也想要……等等。

做為高度敏感兒童的家長，你的工作是試著覺察這一切。你需要瞭解他的感覺並且指出來：恐懼、愛、喜悅、好奇、驕傲、罪惡感、憤怒、哀傷、絕望。你需要注意，孩子的種種情緒裡，你比較不會處理的是什麼情緒，或是比較會忽略什麼情緒？大部分的家庭都特別擅長處理某些情緒，例如喜悅、驕傲、憤怒，不太會處理某些情緒，例如如何表達愛，甚至完全否認某些情緒，例如恐懼或哀傷。

孩子哭泣、尖叫、害怕得發抖時，你需要保持冷靜的說：「我知道你很難過，很生氣，很害怕。」孩子才不用一個人獨自承受這些情緒。

同理孩子的情緒，讓孩子不覺得自己的宇宙崩解了，讓他知道你瞭解他的感覺，但是你沒有受到他的情緒感染，你沒有因此而變得害怕、生氣、傷心。即使你心裡很激動，還是要保持冷靜。如果你也崩潰了，孩子狀況只會更糟糕。

你也需要提醒孩子，狀況不會一直持續這樣。「我知道你的腳難過極了，我也討厭鞋子裡有石頭，我們走到那邊去就可以把鞋子弄乾淨了。」接受孩子的感覺，同時也提醒孩子接受現實。

如果孩子在用誇大的感覺來操控你，要記得，這是個小孩子，你還是有主控力的一方。

孩子誇張情緒的背後一定有原因，要去瞭解那個原因。

這個年紀的孩子很容易因為你的反應而產生強烈情緒。假設你在電梯裡，手上提著菜，兩歲的孩子非要幫你拿鑰匙不可。你看到他注意到了電梯門邊的縫隙，他看看那裡、看看你、看看鑰匙。你大喊：「不可以！」他把鑰匙丟進去。

他沒有惡意，這只是個實驗。不要期待兩歲大的孩子像成人一樣思考。你必須控制自己的怒氣。否則的話，孩子會面對過多的自責和羞恥感。光是看到自己引起的麻煩就夠了。

下次孩子再把沙發弄髒，記得我阿姨最愛說的話：人比東西重要。

◆怎麼做才好

孩子失控了，你更需要控制自己。你的身體會有自己的反應。你想要破口大罵、想要投降、想要放棄、想要不管了、想要哭。但是你是成人，你可以控制自己的行為，這正是你希望孩子學習的能力。花幾秒鐘，深呼吸幾次，然後專心做你該做的事。

專心做你該做的事：和孩子產生連結，讓孩子恢復冷靜。威脅、孤立、處罰不會讓你們產生連結，只會讓他更激動。

如果你必須控制或移動孩子的身體，溫和的碰觸孩子。不要用力拉扯、搖晃他。

冷靜說話。不要吼叫。不管做什麼，都要保持堅定溫和，不要過度反應。不要跟孩子爭論，甚至不用討論。他什麼也聽不進去的。你的聲音要講道理，這比言語還更有用。指出事實：「你現在很生氣。我們要去別的地方談一談。」

找個有隱私的地方。你需要燈光柔和、安靜的房間。你可以讓孩子選擇獨處，或有你陪著安靜下來。如果他要你陪，就留來陪他。

如果孩子願意的話，抱著他。讓他哭叫一會兒。

如果孩子無來由的哭鬧，試著找出背後的原因。是因為過度刺激嗎？是因為你的情緒嗎？孩子是否在用發脾氣來獲得你的注意？或者，他的怒氣來自於稍早的傷心或害怕？蹲下來看著他，猜一猜：「你要我多聽你說話嗎？你是因為不能買那個玩具而生氣嗎？有人打你嗎？我說了什麼讓你擔心嗎？還是你想回家了？」一次問一個問題，給孩子足夠的時間思考一下。等他點頭。如果他都不理你，就停下來。猜得對不對並不重要，至少孩子現在不尖叫哭鬧，而是在思考了。

預防重於治療。注意孩子快要受不了的訊號，避免發生不愉快。瞭解什麼事情會惹他發脾氣——不帶他去散步、讓他一直等待、食物不合他胃口、不讓他自己開門——盡量避免這些狀況。年紀大的孩子比較能夠控制脾氣、忍耐挫折，年紀小的孩子才剛開始學習。畢竟，不久之前他還是小寶寶，什麼都被伺候得好好的。

◆如果孩子繼續發脾氣

如果一直不見改善，首先要控制住你自己的脾氣。孩子不是在排斥你、操控你或是想要傷害你。他就是失控了。如果你無法冷靜，就先休息一下，找其他成人幫你看孩子。

不說話，嘗試其他方法。喝個水、散步、到外頭去跑一跑、玩一玩、睡個午覺。嘗試轉換感官經驗：洗個泡泡澡、聽音樂、玩黏土或玩水、按摩背部、盪鞦韆、腹式呼吸。這不是寵孩子，而是降低緊張。之後，你可以跟孩子討論發生了什麼事情，什麼行為不可以。

堅持標準。不隨意改變標準可以令孩子安心。重述規定，彈性執行這些規定。你可以說：「我知道你很生氣，但是你不可以打人。你可以說你不喜歡我。」如果孩子真的打你，保持冷靜，堅定而溫和的抓住他的手，說：「你不可以打人。」

不要輕易為了孩子發脾氣而處罰他，等到兩個人都冷靜下來以後再說。如果是因為過度刺激引起，你會發現，孩子跟你一樣無法相信自己發了這場脾氣，這時不需要處罰他。你們可以討論下次如何避免同樣的事情再度發生。

讓孩子獨處，但是不要用這個做為處罰。許多家長發現，罰孩子獨處會對孩子形成過多壓力。最好待在孩子附近，或是抱著他。不過，有時候獨處確實可以讓孩子冷靜下來。一定要讓孩子明白，你不是在處罰他，而是讓他冷靜下來。「我們在沙發上靜一靜吧。」「你一個人靜一靜吧，你可以跟我待在這裡，或是去自己的房間玩。」

看遠點。研究發現，這個年紀的孩子如果能夠哭泣、發脾氣，長大以後比較有信心，也比較沒有行為問題。

不管發生了什麼，你要永遠是孩子的盟友。他也不想發脾氣，但是他確實想要某個東西或某件事情。你可以和他討論如何用其他方式表達自己，也討論一下如果發脾氣，他希望你如何處理。

◆攻擊其他孩子

高度敏感兒童不常攻擊其他孩子。但是少數孩子天生個性強烈、適應力弱、堅持度高、活動力強、容易感到挫折。也有些孩子目擊暴力行為，有樣學樣，或是發現憤怒的力量可以讓別人停止刺激他們。

有些孩子受不了社會壓力，例如家長的過度期待，於是崩潰。有些孩子受到過度保護，無法處理挫折。過於擔心恐懼的家長會讓孩子無法接受任何的不愉快。這些孩子受到刺激的時候，都可能爆發。

電視上的暴力行為也會影響兒童。他們可能以為這就是解決問題的方法。如果他們活力充沛又感到無聊，就可能出問題。

無論是基於什麼原因，孩子會憤怒是因為他的天生氣質、個性和環境不相容。

試試以下方法或許會有助益：

教孩子如何讓大家知道他已經快要受不了了。如果你看出不對勁了，就說：「如果你因為某件事情不高興，請告訴我們怎麼回事。」你也可以猜一猜：「你餓了嗎？你在跟吉米生氣，因為他拿了那個玩具嗎？你想回家了嗎？」之後可以跟他說：「下次不要等到這麼生氣，早點告訴我們你想回家了。」

教孩子如何安撫自己。例如走開、數到十、請人幫忙、告訴對方：「你讓我不舒服。」

教孩子如何表達憤怒。討論哪些方法可以用、哪些方法不合適、哪些方法要看情況使用，例如瞪眼睛、不理不睬、吐口水、抬高下巴、鼻孔朝天、挺胸、揍他一拳、踢他一腳……等等。跟孩子討論、演練，當做角色扮演的遊戲。

注意一下，孩子從哪理學到暴力行為。家裡？同學？電視？你或許無法斷絕這些資訊，但是你可以跟孩子討論什麼樣的行為會有什麼樣的後果。

關於一兩歲的孩子

一歲左右，孩子開始走路，也開始瞭解語言。高度敏感兒童會注意到語言背後沒有說出口的訊息，例如語調和手勢。

我們都知道，一個人說的話不一定代表他的感覺，或是他真正想說的話。有時候，我們嘴裡說「不要」，可是我們的音調和表情在說「好」。高度敏感兒童需要學習如何解讀這一切，你也需要學習如何做個誠實而體貼的成人。

在幫孩子做決定之前，你需要先問問孩子的意見。你需要記得，只要有孩子在場，你就不能隨便亂說話了。

▼進食問題

母乳當然是最佳嬰兒食物。大部分的嬰兒會自動斷奶，你不需要急著幫他斷奶。給他新食物的時候，要慢慢來。

吃飯是你展示同調的最佳時機。如果孩子不喜歡某種食物，要尊重他。進食問題通常是父母有問題——堅持要孩子吃他不喜歡吃的東西。

如果你想讓孩子嘗試其他食物，可以表現出自己多麼愛吃的樣子，試個幾次，然後等待孩子轉變心意。

▼首度分離

第一次分離時，很難預料孩子的反應。年紀很小的孩子本能的會抗議。如果過了一小時，他還在哭的話，我會投降，不再輕易的離開他。我認為，孩子三歲之前應該盡量避免與主要照顧者分離。這三年的付出將換來一個更獨立的孩子。

為什麼要這麼小心呢?對孩子而言,尤其是高度敏感兒童,分離是創傷經驗。艾米里歐的弟弟出生時,媽媽住院十天,由艾米里歐的父親照顧他。艾米里歐從此害怕與母親分開,直到六歲還怕。

如果你必須讓另外一個人長期照顧孩子,要有心理準備,孩子可能和這個人產生很強的依附關係。我兒子快三歲的時候,我讓我的母親照顧他一整個月。等我去接他的時候,他們關係變得非常密切。當他有需要的時候,不知道要找外婆還是找我。

▼學習使用馬桶

換尿布時千萬不要露出噁心的表情,敏感的孩子會從你的表情學到厭惡的情緒反應。千萬不要給孩子浣腸,這種失控與被侵入的感覺非常難受。這些都會使如廁訓練變得複雜。

高度敏感兒童非常願意配合,成人很容易就太早開始訓練他。有些孩子變得極為焦慮,需要極長的訓練時間。一般而言,多等一等,等到孩子自己要學你使用馬桶時再開始不遲,這可以省下許多麻煩。不管你多晚開始,孩子總不會到了二十歲還穿著尿布吧?

高度敏感兒童通常不喜歡穿濕尿布,應該會很高興使用馬桶,但是一開始穿內褲的時候,他又會覺得不習慣,還可能嫌兒童馬桶太硬太冷,成人馬桶沖水的聲音太可怕。他們可能需要隱私,喜歡躲起來上廁所,或是不讓大人陪,於是不容易教導他。他們可能不好意思說自己想上廁所了，可能拖到便祕，然後因為上廁所會痛而更不願意了。

最佳訓練方法就是把馬桶放在明顯的位置，讓孩子全身光溜溜的。氣氛輕鬆、隨意自在，不要有別人在場，就你們兩個人。

如果你覺得孩子和你在進行權力拉鋸戰，就先不要急著訓練他，先想一想，你可以如何給他更多權力，讓孩子在某方面覺得自己能夠控制大局。

▼玩弄生殖器

大部分嬰兒十個月大的時候會發現自己的生殖器，開始玩弄它。倒不是為了性快感，而是基於好奇及舒服的感覺。他們撫摸自己，就像撫摸母親的乳房一樣。一歲半之後，有些嬰兒似乎真的可以感覺到自慰的性刺激，刻意的撫摸自己、刺激自己。

如果你忽視他自慰的行為，不跟他同調，但是在其他方面跟他同調，敏感的孩子就會明白你不贊同這個行為。但是，任何的性探索都是自然的發展，包括探索性器官，以及自慰帶來的愉悅，這些學習將受用一生。孩子可以學習將性和安全的依附關係聯想在一起，或將性與人的親近感聯想在一起，而不是與沉默聯想在一起。關於這一點，你得考慮個人價值觀及社會文化，但是我個人認為正面回應比不理不睬來得好，因為不理不睬通常意味著否定。讓孩子知道，自慰沒有什麼不好，但是應該在私下做。

至於發脾氣，兩歲的高度敏感孩子並不會特別難帶。我甚至覺得他們可能更容易帶。不過，太累或太挫折的話，他們確實可能變得非常歇斯底里或憤怒。

日常問題

讓我們看看一到五歲兒童的日常生活問題。

▼惡夢

這個年紀的兒童都會做惡夢。孩子會夢到被拋棄、被攻擊。這是他們生命的最大威脅。你可以安慰他說，他非常安全、你非常愛他，那只是一場夢。

終其一生，敏感的人都會有比較強烈的夢，因此，你可以協助孩子接受這些夢，甚至妥善利用夢境。早上醒來時討論夢境，可以驅除惡夢的陰影。或許你還可以跟他解釋，為什麼會做這樣的夢，例如前一天發生過什麼可怕的事情。你也可以教導孩子，他可以從夢境中學習。惡夢是在提醒我們注意自己在煩惱些什麼，也幫助我們練習如何面對恐懼。

如果夢不可怕，而是有趣，你可以運用一些解夢技巧，例如：「我在想，為什麼熊會出現在你的夢裡？」「熊代表了什麼你想要的特質呢？」或是「我在想，為什麼仙女要讓你注意到她呢？如果你跟她說話，你想她會說什麼呢？」

我認識一個家庭，每天早上都會分享彼此做的夢。他們不會去「分析」這些夢，只是分享彼此內在的旅程。

▼看電影、電視產生的恐懼

大部分的高度敏感兒童會很害怕故事、電視及電影裡恐怖或傷感的情節。媒體不會顧慮到孩子的需要。你可以保護自己的孩子，可是他在外面還是會看到。或者，你希望孩子看「小鹿斑比」或「胡桃鉗」，但是其中令他害怕的部分怎麼辦？

教你的孩子，他可以控制自己。他可以在演可怕的部分時離開房間一下，你可以事先警告他，快要演到可怕的部分了。他可以閉上眼睛、遮住耳朵。他可以請別人描述細節，使他不至於受驚，也可以事先告訴他快樂的結局。

▼進食問題

讓孩子決定他要吃些什麼。這樣一來就不會有進食的問題了。你可能還是需要費心不讓醬汁和麵條混在一起，不讓綠菜花碰到馬鈴薯。如果沒有他肯吃的東西，你可以為他另外炒個蛋，但是不要讓他命令你做這做那。只要家裡不要堆許多垃圾食物，長期下來，他還是會營養均衡的。

你以可以跟孩子一起計畫要做什麼菜，他不會被嚇一跳，還會很高興吃他一起參與計畫，甚至一起準備的晚餐。吃飯時間往往也是社交時間，要保持愉快的氣氛。不要急著吃完，讓孩子有時間觀察別人享用那些他不肯吃的食物，或許有一天他會試試看。你也要教孩子如何有禮貌的拒絕某種食物。

現在談到禮儀了。年紀還小的時候，過度強調餐桌禮儀會讓孩子緊張、生氣或覺得丟臉。但是不教也不行，以後大了，他跟別人吃飯的時候更會覺得緊張丟臉。因此，想想他需要學些什麼（咀嚼時嘴要閉著、用餐巾擦嘴、手肘不可以上桌……等等），一次教一項。記得，身教重於言教。高度敏感兒童很會注意和模仿別人的行為，你不需要責罵他，偶爾提醒一下就夠了。

▼外食

去餐廳之前，根據你對菜單的瞭解，利用角色扮演協助孩子事先決定他想點什麼，或是告訴孩子你會幫他點什麼。利用新的餐廳慢慢介紹新環境或新食物給他。孩子精神不那麼好的時候，去他熟悉的餐廳。

至於餐廳禮儀，我見過很小的孩子乖乖坐上好幾個鐘頭的，只要大人懂得體貼孩子的需要——給他一點吃的、提供讓他安靜玩耍的東西。讓孩子認為出去吃飯是令人興奮的特權，充滿期待，他會比較合作。但是有些孩子在這個年紀就是坐不住，可以把孩子抱出去玩一玩，看看有趣的東西。你需要根據孩子的天生氣質，調整對孩子的期待。

▼穿衣服的問題

盡量配合孩子的需要和喜好。三歲的孩子就可以自己選擇要穿的衣服了。高度敏感兒童受不了衣服的標籤、粗糙的布料、磨腳的鞋襪。買東西的時候帶著孩子，看他穿起來舒不舒服。偶爾買錯了的衣物就只好送人。跟孩子討論一下，為什麼會買錯了，以後要如何避免再買錯。

讓孩子有充分的時間決定穿什麼，可以在前一個晚上就先選好。

整理衣櫥，讓孩子容易找到衣物。抽屜上可以貼圖畫標籤，讓他知道裡面放的是什麼。

▼上床時間與睡眠

上床睡覺和起床都是重大轉換，建立固定習慣會有幫助。你可以做張海報，把必須做的步驟一一列出來。上床前最好有一段讓他安靜下來的活動，像是洗澡、說故事、禱告。讓孩子穿他要穿的衣服上床。

睡覺時房間要暗，拉上窗簾。如果孩子不喜歡全黑，用一盞小夜燈，然後保持整個家安安靜靜的。

如果孩子晚上醒來，先找出原因。害怕？寂寞？口渴？太熱？過度刺激引起的躁動不安？有時候，讓他哭一哭就夠了。有時候，可以跟孩子說，他可以不睡，但是你很累，明天還要上班，現在需要睡了。

▼購物及雜務

一位家長建議：「永遠不要帶著高度敏感兒童連續做兩件以上的雜務。」逛街、購物、辦事情都非常累人——進進出出、轉彎、停下來、車窗外景色一直變換、車子裡吵吵鬧鬧、每個地方不同的環境、脾氣不好的櫃檯人員。你可能已經習慣了，孩子不見得習慣，一次不要接觸太多。

要事先告訴孩子你們要去什麼地方，會花多少時間，而且要守信用。

▼坐車

建立固定習慣和規矩，例如堅持每個人都繫上安全帶才開動車子。規定好誰坐在哪個位置。這樣可以減少許多爭論。長途旅行時，每個小時都要停下來休息。休息時盡量遠離車流或人潮。吃個野餐也很不錯。

在車子裡，注意孩子是否無聊或受到過度刺激。你可以說話、玩遊戲、聽音樂、唱歌、看窗外、完全的安靜。

▼房間

盡量讓高度敏感兒童擁有自己的房間。他們需要隱私、一個人安靜獨處的地方、他們可以控制的環境。如果必須和別人同住一間，盡量不要讓他和不敏感的哥哥姊姊共用房間，尤其是如果他們處不來的話。如果實在沒有別的辦法，至少放個分隔的櫃子，讓兩人的地盤界線分明。

家具盡量簡單，最好有地毯和窗簾減少噪音。地毯和窗簾要選容易洗的種類，以減少灰塵，很多高度敏感兒童有過敏的問題。要減少視覺刺激，準備很多儲藏東西的空間，盒子、籃子或箱子比開放式的架子好。不要掛很多海報或照片在牆上。

比較不常見的問題

▼看醫生

從出生開始，就要選擇適合的醫生。高度敏感兒童對醫生的反應取決於醫護人員的態度，以及候診室的玩具和童書。

跟醫生提起孩子的個性氣質，不要把孩子的個性當做病態，也不要置之不理。

醫生需要瞭解高度敏感兒童：

- 對痛的感覺更強烈。
- 因此可能對身體的抱怨較多，結果醫生給他們太多不必要的檢測和藥物。
- 反過來說，或許因為以前抱怨的時候沒有人理睬，或許曾經有過不愉快的醫療經驗，有些孩子會刻意隱瞞。
- 較常頭痛。
- 比較受不了打針。
- 不適應住院。
- 比較容易有過敏反應。

一般而言，高度敏感兒童比較健康、不生病，意外也比較少。但是如果壓力過大，他們反而比一般孩子更容易生病。

因為高度敏感而害羞、在學校不說話、哀傷、焦慮的孩子不需要用抗憂鬱藥物。這些孩子需要的是欣賞他們的環境和朋友。

▼「寶寶從哪裡來？」

性遊戲、自慰、裸體都是重要議題。高度敏感兒童一定會注意到：「性」是一個充滿能量的特殊議題。依照孩子的年紀和經驗，充分的回答孩子的問題，常常討論這個議題，但是不用說太多。

檢視一下你自己的觀念，你希望孩子具有什麼觀念？你希望不要傳給孩子什麼觀念？告訴孩子，在公眾場合，什麼行為不合適。讓他瞭解，游泳衣遮住的地方具有隱私性，誰可以看到、誰不可以看到、誰可以摸、誰不可以摸。

兩歲的孩子和五歲的孩子非常不同，更重要的是，孩子接觸過多少資訊？孩子可以自由的看電視嗎？他跟其他孩子聊過嗎？他接觸得到網路色情嗎？有些孩子不會問你問題，因為他被看到的資訊嚇壞了，或是以為自己什麼都知道了，或是不好意思承認自己知道得太多。

▼在家開派對或邀小朋友來玩

開兒童生日派對的時候，要依照孩子的需要設計。原則上，小客人的數目是過生日的孩子歲數的一倍半，不要比這個人數更多。即使如此，對高度敏感兒童來說都可能都太多了。其實，邀請一位好朋友往往就夠了。簡單一點。

讓孩子一起計畫、準備，讓他熟悉流程。派對過後，他會需要時間消化一切，讓他安靜一下、散個步、洗個澡，不用急著收屋子。

不要給孩子驚喜派對。他們可能哭著躲進臥房，生氣的家長則雪上加霜的把可憐的孩子臭罵一頓。

孩子缺乏經驗，不懂得開派對的規矩，這是教導他的機會。如果他看起來累了或受不了了，記得要讓他休息。

打開禮物的時候可能出狀況，你可以事前教孩子練習微笑道謝。孩子可能無法掩藏他的失望反應：「這是什麼東西？」

約小朋友來家裡玩，對高度敏感兒童而言，這是最好的活動了——環境熟悉、孩子覺得事情能夠控制、他較有優勢、你會在那裡。但是不要玩太久，也不要常常舉辦，一週一次就夠了。

最後的提醒

這個年紀的孩子非常純真、信任、新鮮、可愛。孩子會觀察、讓你以他為傲、快樂、讓你笑。這個年紀的孩子會非常愛你。高度敏感兒童確實需要大人費心，但是他們如此可愛。好好享受這幾年珍貴的時光吧。

第8章

在外面的幼兒

◇協助他們在新環境中成功

本章討論如何支持一到五歲的高度敏感幼兒。這個年紀的孩子開始探索外在世界、運用智慧判斷、信任生命、適當的時候勇於走出去。我們會討論嘗試新事物時的猶豫不前、社交害羞、上幼兒園、如何面對恐懼，目的都是避免孩子心靈受傷和害怕。我們也會討論如何選擇幼兒園，如何處理親子分離的場面。

華德還是嬰兒時，爬到毯子邊緣，碰到草地就哭了。華德長大一些，成為幼兒時，遇到新事物還是很小心。他非常喜歡觀察，常常等活動都結束了，他才想加入。他並不害怕，只是想先觀察才加入。如果他害怕，最後就不會想加入活動。

本章就是要協助華德這種小孩，免得他們害怕嘗試新事物。

有些高度敏感兒童膽子很大，他們對食物、衣服、噪音比較敏感。大膽的孩子可能特別喜歡新事物，也可能對依附關係的安全感特別強。但是，再大膽，他們還是會停下來評估新環境。

害怕新事物、害怕陌生人、害羞和單獨玩耍的差別

害怕新事物和害怕陌生人是很不一樣的恐懼，我們將分開討論。

高度敏感兒童都會停下來評估環境，不見得代表他們害怕。這個年紀的孩子一個人玩耍也不一定代表他害羞。如果五歲以上的孩子還喜歡單獨一個人玩，別人可能覺得很奇怪，於是使他變得害羞——害怕被別人下判斷、害怕被拒絕。我們之後會討論這個現象。

為什麼會害怕新環境，如何預防

恐懼會造成更多恐懼。當我們面對新的狀況時，我們會評估自己是否應該害怕。如果身

體已經充滿壓力，或是曾經有過不好的經驗，我們就更容易恐懼。童年的我們比較缺乏適應能力，遇到不良經驗的反應會更強烈。如果恐懼拖太久沒有處理，孩子可能變得非常容易受到刺激。恐懼會逐漸變成焦慮，無需刺激就一直存在，任何狀況都會引起恐懼。

每個新狀況都會引發三個問題：

1. **「採取行動是否安全？」**我會受傷嗎？我會快樂嗎？我會成功還是失敗？過去的經驗會決定孩子的答案。
2. **「我今天有能力處理嗎？」**有人可以支持我嗎？我今天夠強壯嗎？休息夠了嗎？孩子的內在狀況，及以前得到過的鼓勵與支持會決定這個答案。
3. **「事情總是能夠順利進行嗎？」**碰到新狀況時，我是否常常成功？探索新事物、認識新的人是否有趣？孩子建立的整體人生觀會決定這個答案。

你要如何影響這三個問題的答案呢？當孩子停下來思考的時候，你希望孩子瞭解是否安全、他是否會成功。你希望他看得到事實，能夠分辨不同狀況，不會認為任何事情都很危險。他可能需要你的協助來分辨事實。比如說，如果他把一條繩子看成蛇，或者看到一隻大狗，以為是狼，他當然應該害怕。如果他最近才跟你分開過，或是有過令他害怕的經驗，就更需要你的安撫。

針對第二個問題「我今天有能力處理嗎？」你的影響力更大。讓孩子相信，你會隨時隨地回應他的需要和情感，他就會有安全感。進入新狀況時，讓孩子知道你會全力支持他，讓他有充分的準備。如果他還沒有準備好，讓他明白自己還沒有準備好，必須等一等。

最後，第三個問題牽涉到孩子的人生觀，你需要讓孩子擁有許多愉快、成功的經驗。你可以創造孩子的環境。是的，世界上有很多危險，但也有很多快樂、奇遇和善意等待著他。

◆學齡前建立信心

建立快樂、成功的經驗對高度敏感兒童是一項挑戰。不管是誰，受到過度刺激時都會不舒服。在這個年紀，任何新狀況對高度敏感兒童而言，都可能過度刺激——興奮、刺激、陌生。你必須盡量讓刺激維持在他可以忍受的範圍內。

當然，不良經驗一定會發生的，甚至是有價值的。孩子可以從中學習如何面對壓力、克服恐懼。但是高度敏感兒童會想像最糟的狀況，即使事情還沒有開始變糟。

要保護孩子不要有真正不好的經驗。不要考慮「丟進水裡，他自然就學會游泳」的方式。如果有了不良經驗，要一起討論，安撫他、陪他。一再的共同面對、處理，可以避免孩子陷在其中無法自拔。

你必須在鼓勵和保護之間取得平衡。研究顯示，有安全感的高度敏感兒童適應力佳，他們的母親比較不逼迫孩子。缺乏安全感的兒童，母親比較積極介入，不讓孩子慢慢來。研究也顯示，即使是一般兒童不夠敏感、過度操控的母親會引發孩子的恐懼感。

孩子面對新環境時，家長必須在過度保護和過度逼迫孩子之間找到平衡。用你的直覺，觀察孩子的身體動作、言語、音調、面部表情。如果孩子看起來真的想做這件事情，就鼓勵他。有時候，我們很想做一件事情，事到臨頭卻害怕了，真希望躲開。但是如果不做，以後一定會後悔。

如果孩子看起來很緊張、不情願、受到過度刺激、能力不足勢必失敗，就不要逼他。

◆當恐懼不是真的恐懼，而是憤怒時

恐懼不一定真的是恐懼。高度敏感兒童往往內化一切，哀傷、憤怒和恐懼都可能被內化，不公然表現出來。他們的憤怒不會經由吼叫、打人、說謊或偷竊來表現。舉例來說，孩子可能因為媽媽生了弟弟妹妹生氣，想要使壞。但是他也害怕自己的憤怒，害怕自己會做壞事，害怕接著而來的處罰。所以呢，這些感情都被埋起來了。

家長覺得棒透了，孩子適應得這麼好——不生氣、不惹麻煩。事實上，孩子心靈深處的潛意識正在想：「我痛恨這件事，我是壞孩子才會痛恨別人，我必須抗拒這些壞想法。太危險了！」

忽然間，恐懼誕生了——什麼都怕，怕陰影、怕某個形狀。父母和孩子都不知道為什麼。如果你覺得孩子太乖也太膽小，鼓勵他把憤怒表達出來。跟他一起討論為什麼生氣——或許是因為你以前跟他生氣、你規定他不能做什麼、必須離開他。討論手足競爭的問題。鼓勵孩子談自己的感情。有時候，談一談非常有用。

◆協助兒童進入新環境——事先的計畫

有很多方法協助孩子進入新環境。首先讓我們來談談事前的計畫：

尋求協助。如果有成人負責這個場地，和他討論一下孩子的個性，以及你們雙方如何配合孩子的需要。或是帶個孩子熟悉的朋友一起去。或是事前打聽其他孩子的名字，幾天前讓其中一個孩子來家裡認識你的孩子。

事前和孩子討論環境。不要假設孩子知道沙灘是什麼樣子，一定要描述給他聽，他才會有心理準備。

討論比較不理想的後果，以便你們演練對應方針。「如果你都找不到任何復活節彩蛋，會感覺如何呢？」

告訴他一個容易脫身的方法。「如果你不喜歡，我們就馬上離開。」

合適的時候，說：「或許不會成功，那有什麼關係？」親自示範冒險精神。或是說：「

要不要試一下？我們有什麼好怕的？又不會少一塊肉。」或是「有時候我也會很怕，我就想，還能多糟糕嘛？不會死掉的話，就試試看吧！」

事前盡量讓孩子熟悉其中的一部分。騎小馬嗎？一星期前先帶他接近馬，摸摸馬。坐坐機器小馬。去打球嗎？先買顆球讓孩子把玩。

接受並討論孩子的情緒。「我要做。」「我怕。」「如果我不做，你會生我的氣嗎？」「如果不做，我會後悔。」「我非常興奮，非常好奇。」「我不要這些刺激。」這些感覺可能同時存在。

孩子必須要吃飽睡足，準備好了。否則寧可延期。

搧風點火。鼓勵孩子的熱情、興趣和參與。不要誇張或造假。你不要說：「哇，溜滑梯，太棒了，不是嗎？」謹慎的孩子會想：「我才不要被你逼著爬上去呢。」

要避免提出與孩子想法分歧的意見，你可以指出孩子已經表現出來的情緒：「你看起來想試試那個溜滑梯。」如果他害怕，同樣也指出來：「是的，從這邊看，好像很高，對不對？」你也可以提到孩子喜歡的部分：「我知道你喜歡溜滑梯。這個溜滑梯看起來比較難爬，也比較高。不過，比較高的溜滑梯溜起來也比較好玩。」盡量不要預設立場。

以身教示範對生命的熱情。有意義的事物、期待的事情、小小的樂趣——這些事情比大事件更讓人快樂。新經驗構成了許多小小的快樂，像是去新的餐館、走一條不同的路線回家。讓孩子看到你的熱情。

最重要的是好好談一談

許多家長都說，一旦孩子夠大，可以談話以後，讓孩子嘗試新的經驗就容易多了。以下就是一位家長與我分享的對話：

孩子說：「媽，我怕游泳課。」

「是啊，當然會怕，這是新的經驗嘛。」（接受孩子的情緒，沒有取笑或批評）

「你也會害怕嗎？」

「常常。」（讓孩子知道，害怕是正常的情緒）

「那你都怎麼辦呢？」

「如果我真的想要去做，雖然害怕，但是我會不管它，去做就是了。」（示範自我調節的能力）

她繼續說：「或許我可以讓事情容易一些，像是問問別人的經驗。」（教孩子透過分享經驗與談話來適應的技巧）

她又說：「第一次上課的時候，我可能跟老師說我很緊張。」（示範尋求援助的技巧）

「不管怎麼樣，我都會去試一試。不試不知道，對吧？」（示範冒險精神）

◆逐步幫助孩子適應新環境

1. 陪孩子一起去新的環境。帶他去。在附近陪伴，直到孩子自在，然後退出來。

2. 試著讓另外一個孩子和你的孩子互動。為孩子找個比較友善或比較合得來的朋友。

3. 留在現場，但是不要插手。如果孩子叫你，不要急著過去，說：「怎樣？」看看他的反應再說。

4. 讓孩子一次走一小步。保護他不受譏笑，提醒其他孩子，他們一開始也是這樣。

5. 讓孩子知道，心情複雜是正常的。或許你可以描述自己第一次跳水、第一次騎馬的心情。如果他堅持不肯，不要逼他，也不要笑他。下次他做決定的時候，才不會對你的反應這麼焦慮。

6. 指出他以往一開始不想，後來又改變主意的經驗——例如第一次去游泳池、第一次摸貓咪。讓他回想起踏出那一步的快樂。

7. 不要失去耐性。害怕或有心理衝突的孩子可能很難纏、黏人、易怒。你不能發脾氣。專注於孩子行為之下埋藏的恐懼。你是在馴服孩子想要逃離現場的狂野本能。走錯一步，可能讓孩子更激動，你會花更長的時間處理。不要逼孩子，也不要讓任何人逼你的孩子。如果你逼他，他以後要怎樣尊重自己、怎樣信任你呢？何況，孩子害怕的時候，什麼也學不會。

◆有了新經驗之後

事後要強調正向經驗：

1.一定要指出任何的成功經驗。不要誇張、也不要跟別人炫耀。但是讓他知道成功在何處：「你喜歡這個溜滑梯嗎？嗯，我猜也是。你玩得好開心，簡直不想停了。」

2.指出進步。指出一年前、一個月前，同樣的狀況下，他是什麼模樣。改變是漸進的過程，不是不可能的任務，也不是隔夜就發生的奇蹟。「你以前看到這種溜滑梯也是好想溜，可是都不肯試。今天你試了。」

3.誇獎他的努力，而不是獎勵成功或失敗。「你試著爬到一半了，真好。」

4.讓孩子有機會當老師。讓他教更小的孩子或絨毛玩具熊，他是怎麼做到的，他怎麼克服恐懼，後來多好玩。這樣一來，整個過程都會記得清清楚楚的了。

5.利用這個機會鼓勵孩子幻想自己是個負責任、強壯、有自信的英雄。

面對別人時的害怕或遲疑

現在讓我們談談對陌生人及新的社交場合的恐懼。

珍奈從六個月大開始，看到陌生人就會把臉藏起來。兩歲時，珍奈的媽媽送她去幼兒園，希望能夠有所幫助。十月底，萬聖節到了，珍奈還沒跟老師說過話。她穿著兔子服裝，躲在面具後面，終於開口了。大家都認為珍奈是個快樂自信的孩子，但是她一直不太能跟老師說話。

高度敏感幼兒不願意和陌生人相處，這是完全正常的現象。他一方面在想：「陌生人，小心一點。」另一方面也想：「大家對小孩子都很好，我可以試試微笑，看看會怎樣。」

我們不希望孩子覺得別人都很危險。你希望尊重孩子需要慢慢來的個性。告訴客人不要急切，等一下孩子就會比較友善了。如果孩子還是不自在，幫他找個藉口。即使是親密家人，也不要讓別人逼迫孩子。

有些父母一看到孩子跟陌生人互動就過於緊張，唯恐他遭遇不幸。請記得不要過度反應，孩子會感受到你的緊張。等他大一些以後，你可以教他不要坐陌生人的車、成人應該遵守怎樣的分界。現在這個年紀，你應該幫孩子留意陌生人，不是要他自己留意。不要讓他注意到你在處處留意。跟親友相處的時候，孩子就會自在的跟大家互動了。

◆社交上的遲疑或許正常，但不要忽視

所有的研究結論都一樣：如果你想要避免孩子長大以後害羞，就在學齡前協助孩子參與社交。在這個年紀，不善社交還不成問題。大一點之後，不善社交會造成真正的害羞。或許，我們的社會過度強調社交自信，但是，在需要社交的時候能夠社交，確實非常重要。

我們都是社會動物。即使只是安靜的陪伴，有人在身邊的時候，孩子都比較平靜。明尼蘇達大學（University of Minnesota）的剛納（Megan Gunnar）花了一年研究學齡兒童的皮質醇（cortisol）濃度。會跳進去參與活動的孩子，或是原本不願意但是後來加入的孩子，在一開始的時候具有較高的皮質醇濃度。不參與活動的孩子皮質醇濃度較低，表示他們壓力較低。但是一年之後，參與活動的孩子皮質醇濃度反而比較低，未能克服恐懼的孩子獨自玩耍，缺乏社交支持，皮質醇濃度反而比較高。

簡言之，為了避免將來孩子受苦，現在可能必須讓他經歷一些風雨。你需要協助不善社交的孩子參與社交活動，打入團體。你可以請老師協助。這些經驗很重要。在這個年紀，不善社交是很正常的現象，你不用擔心，除非這個現象一直持續到孩子年紀更大，成為明顯的社交畏縮。

◆如何預防或減低對陌生人的恐懼

首先，如果你自己面對陌生人會覺得不自在，孩子就會像你一樣。試著消除你的不自在，請客人來家裡，跟陌生人輕鬆搭訕。

最好是讓高度敏感兒童早早開始和其他兒童互動，但是記得利用平靜、短暫的方式，選擇適合的玩伴。一開始，只找一對家長和孩子。可以找年紀小一點的玩伴，讓你的孩子具有優勢，或是找年紀大一點但是很會照顧小孩子的玩伴。如果兩個孩子玩得來，以後常常讓他們一起玩。然後再進展到一群家長帶著孩子一起玩。這樣的方式可以讓你瞭解孩子如何跟別人互動。

接著可以嘗試與其他家長在旁觀看的活動——音樂會、美術展覽、體操課。還是要注意選擇，只要有一個粗暴的孩子，整個團體的氣氛就不同了。

◆學前教育的重要性

幼兒園很適合協助孩子進入社交環境，為進小學做準備。許多老師認為，一定要送高度敏感兒童去上幼兒園，只要園方瞭解這些兒童的需要。他們認為，如果不去上幼兒園，將來入學會有很大的困難。他們也認為，與其每週只去兩天，不如每週五天，每天去幾個小時，養成固定的習慣。

◆逐步幫助孩子適應新的社交環境或陌生人

我們都希望孩子喜歡與人相處。所以，如果孩子跟某人處不來，不要逼他。高度敏感兒童和非常不敏感的孩子，或是有壓力的孩子處不來。或許孩子以後必須學習與這種人相處，但是何苦從現在就開始呢？

進入新狀況時，像是去參加小朋友的生日派對，可以事先討論會遇到的狀況，例如誰會在場，盡量鼓勵孩子交朋友，提到他以前有過的正向經驗。而且要記得陪孩子去，留在現場以備不時之需，等到一切狀況順利時再離開。不要讓他待太久，這樣孩子以後還會想要去。其他建議：

1.計畫。想一想如何讓狀況更容易一些。或許可以提早去，幫忙布置。別人到的時候，孩子會覺得自己比較進入狀況。孩子還沒累之前，帶他提早離開。

2.練習。練習一下到的時候要怎麼辦，怎麼進門、如何回答問題、如何提出問題、要聊些什麼。

3.找朋友幫忙。找一些朋友跟孩子說話。和成人應對能夠增加孩子的自信。請朋友不要一次問太多問題。研究顯示，問太多問題時，孩子反而說得比較少。對兒童而言，提問似乎牽涉到權力鬥爭──成人提出來的問題決定了對話的主題，而且往往已經有了預設答案。這就是成人談話的方式。成人談話的時候，很少有超過兩秒鐘的尷尬沉默。但是如果老師保持沉默，孩子反而說得更多。說些個人經驗也會有幫助，例如：「我以前也有一隻貓，黑色的。」然後等待。用身體讓孩子知道，你在聽，你有興趣跟他說話。

4.讓其他孩子協助你。有時候可以請友善、有自信的孩子和你的孩子說話。讓孩子和一個年紀比較小的孩子同組，讓你的孩子帶頭。

5.你自己要社交。請朋友來家裡，熱情接待。

6.尋找適合的社交場合。

選擇合適的學校或幼兒園

各個幼兒園都不一樣，有的對孩子很敏感，有的則否。你必須提出問題、去現場觀察。首要考量就是環境不要太吵鬧、不要太擠、光線柔和不刺眼、班級人數少、環境清潔整齊。

跟老師提及孩子的敏感。有些老師會認為這樣的孩子很難帶，有的則認為你大驚小怪，找個能夠聽得懂的老師。如果孩子不善社交，問問老師會如何協助孩子參與活動或交朋友。老師應該讓孩子慢慢來，然後一次採取一小步協助孩子參與。或許一開始讓他和老師玩，或只和一個小朋友玩，然後再引進另一個小朋友參加。

觀察半個小時到兩個小時，連續幾天，每天都去。孩子入學之後，你可以在附近待幾天，如果孩子適應不良，你可以隨時趕到。

◆分離

上幼兒園時，孩子首度天天離開你。這些分離越自然越好。上學之前，可以先讓他留在爺爺奶奶家、朋友家，體驗分離。你可以帶他去參觀幼兒園，並且做一些準備。

談論分離。不要瞞著他。孩子如果表示傷心或害怕，不要過度反應。告訴他你也會想他，你會如何適應。

跟他說，分開的時候，你都會在做些什麼。「我會打一些電話，清理廚房。」也告訴他，接了他之後會做些什麼。這樣子，即使你不在面前，孩子還是可以感覺到你的存在。

讓孩子從家裡帶個熟悉的東西去安慰自己。

第一天早點去接孩子，不要讓他在那裡太久。告訴他你會回來接他。

用他能理解的方式明確表示什麼時候會來接他。例如「午睡之後我就來接你。」

有個你們之間特殊的分離儀式。握手、擁抱、一句幽默的話：「別吃蟲子啊。」或「要微笑喔！」

離開以後，注意孩子是否哭很久。打電話給老師，或請其他家長告訴你。如果連續幾週，孩子都哭超過十五分鐘，或是整天斷斷續續的哭，可能孩子年紀還太小，不適合離開家。孩子的哭泣也可以是分離儀式的一部分。觀察一下，孩子回家的時候是否開心？如果孩子不開心，就要重新評估了。

一旦孩子適應下來了，分離的時刻要愉快迅速。不要讓孩子感覺到你的猶豫。要盡量保持固定的接送時間。

不要匆匆忙忙。讓孩子離開家、與你道別都不會太過匆忙，保持平穩的步調可以將刺激減到最低，他會比較容易適應。

回家也需要調適。回家的過程要保持愉快。讓孩子先上個廁所再回家。在車上聊聊學校發生的事情。把點心準備好，高度敏感兒童常常無法注意到自己的生理需要。

偶爾一起在學校待一會兒。讓孩子告訴你他平常玩些什麼，讓家庭和學校產生連結。

如果學齡前兒童遇到真的應該害怕的事情

如果孩子真的聽到或遇到令人害怕的事情呢？這時你必須面對他的恐懼。即使你自己也很恐懼，或是因為自己無法消除孩子的恐懼而自責，還是要談論，不要以為恐懼會自動消失。如果你自己也有情緒，先和其他成人談過了以後，再和孩子談。

談的時候，不要說非必要的話。這就是為什麼你需要先處理自己的情緒。你不要跟孩子分享你的憂慮。如果孩子已經在擔心被綁架的話，就要開誠布公的談論。先問他知道些什麼、相信些什麼、想像些什麼會害怕的事情。

讓孩子完整表達自己的情緒。即使你知道孩子在想些什麼，還是要讓他表達他的感覺。孩子應該能夠跟你分享他的恐懼，不用一個人獨自承受。不要輕視或取笑孩子的恐懼。

解釋你會如何處理這些恐懼。如果有任何預防措施，都可以告訴孩子，培養他的適應能力。解釋你如何處理無法控制的恐懼，培養他安慰自己、自我調節的能力。例如：「我跟自己說，我沒辦法控制一切，可是發生的機率那麼小，我不要一直擔心它。」或是「飛機震動的時候，我也會害怕，我就告訴自己，一切都在於上帝。上帝要怎樣，我都接受。」讓孩子明白，每個人都會對於無法控制的事情感到恐懼，我們不是面對恐懼，就是被恐懼擊垮。

澄清迷思。例如跟孩子說，你們住的地方沒有龍捲風。如果孩子夠大了，解釋機率是什麼，讓他明白發生災難的機率微乎其微。

如果可能，計畫漸進式的接觸及敏感遞減。孩子不需要克服所有的恐懼，但是如果能夠克服一些恐懼，將會有莫大的鼓舞。你們可以一起閱讀關於他害怕事物的書籍——飛機、蜘蛛、蛇、狗。說些快樂的故事，逐漸加入孩子害怕的事物。一起想像接近這些可怕的事物。然後真的帶他去看，甚至摸一摸。

注意孩子是否有不好意思承認的恐懼。「很多人都會怕……」或是「我在你這個年紀，我很怕……你呢？」

用別人的善意平衡暴力行為。或許可以介紹孩子認識友善的警察伯伯，讓他知道這些人努力工作保護大家的安全。不要讓孩子聽到嚇人的新聞，如果他聽到了，馬上和他討論。示範平衡的心態：「這種事情很少見，大部分的人不是這樣子的。」

如果你擔心暴力犯罪，學習如何保護自己和孩子。你已經盡力了，試著放鬆。孩子會感覺到你的恐懼。

如果孩子看到恐怖場面，像是車禍、火災，讓他一再複述創傷經驗，在安全的環境中整理自己。你也需要找人協助處理你的情緒。許多成人不以為意的經驗，對孩子的影響卻很深，例如看醫生、住院、離開家很久、寵物死亡、失去特別珍愛的玩具。有些事情你可能不覺得有什麼，孩子卻很在意。

最後的提醒

高度敏感不等於膽小害怕。確實，高度敏感兒童長成為大膽探險家的機率比較低，因為他們會更謹慎的評估各個狀況，也更能夠感覺到危險。所以他們的童年經驗更為重要，你的角色也更為重要。你不但在培養孩子面對未知的勇氣，也是在形塑他的人生態度——信任、值得信任、活著真好。

第9章 家裡的學齡兒童

◇解決問題

本章討論學齡兒童（五到十二歲）在家裡面對的問題——牽涉到轉變的事情，例如搬家、過節。我們也會討論比較少見的焦慮和憂鬱的現象，以及如何減少家庭成員的壓力。最後我們會討論少數難搞的孩子，例如戲劇性或叛逆的孩子，擁有強烈情緒、活動力強、容易分心、意見多、挑剔、易怒，讓你懷疑他是否正常的孩子，以及你需要的協助。

學齡兒童——初試啼聲

在討論問題之前，讓我們先看看養育高度敏感兒童的樂趣。學齡兒童開始才華初顯，特別有趣。家長通常非常享受孩子的好奇心、創造力、獨特的洞見。孩子可能在某方面顯出不尋常的才華，例如音樂、繪畫、數學、自然生態。許多高度敏感兒童會擁有成人的興趣，例如下西洋棋或甚至開個公司。

南西不是個外向的孩子，但是七歲的時候用冰棒棍做娃娃，沿門挨戶販賣。十歲的時候，她寫故事賺稿費。

高度敏感兒童漸漸學會自我調節——他會停下來評估，思考一下謹慎行事的後果，決定採取行動。凱撒琳在小學五年級前從來沒有離家過，剛好有機會去法國當交換學生。她在這之前幾年的日子很困難，得了中耳炎導致牙根發炎，又遇上不好的老師和牙醫，結果凱撒琳一想到牙醫就吐，被學校轉介給兒童精神科醫生。當時凱撒琳堅持要去法國，她就是知道她應該去。結果，她的招待家庭好極了。一直到高中，她還跟他們保持聯絡，後來又去了法國三次。即使是那麼小的年紀，孩子也可以深刻思考，相信自己的決定。

這個年紀的孩子也開始注意到家人的情緒，會體貼別人了。凱撒琳三歲的時候，弟弟出生了，不但有唐氏症，還有其他嚴重的問題，幾乎每天都得去看醫生。大家都受到影響，凱撒琳的媽媽更是心力交瘁。一天，要去看醫生時，她累到找不到兒子！她坐下來哭了起來，五歲的凱撒琳去找弟弟，發現他躺在小床上的毯子底下。凱撒琳在媽媽身邊坐下，說：「別擔心，媽媽，我們會是一家人。」這是凱撒琳母親的轉捩點，她體悟到如果女兒可以這麼有勇氣、這麼正向，她也可以。

家中的日常生活

讓我們看看日常生活裡的問題：

◆穿衣服、上床、家務事、禮貌及其他日常習慣

高度敏感兒童通常喜歡井然有序。你可以給年紀小的孩子定下固定習慣、規則和獎賞以培養良好習慣：「你穿好衣服、吃了飯、做了家務事之後，可以隨便你做什麼。」把必須做的事情寫張清單，孩子可以照著單子一項一項勾掉已經完成了的事情。很快就會變成習慣了，你只需要提醒一下：「單子上的事情做了嗎？」

一旦養成習慣，漸漸在適合的時機把各種責任轉交給孩子。讓孩子決定自己要吃什麼、什麼時候上床、穿什麼衣服、衣服要不要洗了。接下來，如果他沒有準時上床、沒有保持衣服乾淨整潔，他就只好接受後果，而不是你來教訓或處罰他。這才是真正的學習。

有些事情你可能必須堅持某種標準，例如睡眠。高度敏感兒童需要很多睡眠，這是他們的休息時間。如果孩子一直睡眠不足，你可能必須堅持要他提早上床。過幾年，他可能瞭解睡眠和情緒之間的關係。

至於家務事，我喜歡開家庭會議。每個人都有機會表達自己、尊重別人的意願、達到共識。大家都同意，有哪些家務事需要做、應該如何分擔。大家也都同意，如果有人不做分內的家務事，會有怎樣的後果，要如何補償別人。

例如說，大家同意倒垃圾不應該只是爸爸媽媽兩個人的工作，家裡每個人都製造垃圾，每個人都有責任倒垃圾，如果輪到的人沒有倒垃圾，就應該連續兩週倒垃圾。不要用不准出去玩或不准看電視來處罰孩子。尤其是不要未經討論就自作主張的處罰孩子，這樣子你只是在教他屈服於暴政之下。

彼此相處的基本禮貌也可以經由討論得出結論。如果大家都同意罵人會傷感情，罵人的人就要公開道歉，說明事情的來龍去脈，以及以後要如何避免同樣情形再次發生。家長也要以身作則的遵守協定。

有些事情需要討論很久。例如，高度敏感的孩子希望家裡很安靜。弟弟卻希望能夠隨興，高興的時候可以大喊大叫。家裡應該多安靜並不是真正的重點，真正的學習在於雙方有機會發表意見、尊重對方的發言，然後找出有創意、大家都滿意的解決方法。這樣一來，衝突不但無害，還可能有益，因為家人因此會更親近。

如果孩子不遵守協定，可能這些規定對他而言太難遵守了。例如，他和朋友玩得正高興，可能無法遵守規定的回家時間。如果孩子打破規矩，一定要先問清楚為什麼，不要急著處罰他。聽聽孩子的說法。你還是要讓孩子為自己的行為後果負責，但是你們也許可以因此考慮修改不合適的規定。

◆爭吵

這個年紀的孩子最容易吵架了。高度敏感兒童被逼到極限的時候，可能非常精準的說出傷人的話來。堅持你的標準——例如，不可以攻擊別人。不論言語或行動都不可以蓄意傷害別人。

一定要給雙方二十分鐘冷靜下來，這不是處罰，而是讓大家有機會好好想一想。然後讓雙方回來，討論發生了什麼事情。以身教示範如何尋找真相和正義、如何修補彼此的關係。

處理家人爭吵的目標不是息事寧人，而是讓孩子學會彼此協商、公平的爭吵。不可以謾罵、不可以責怪彼此、要就事論事。不要說「你總是騙人。」「活該，誰叫你昨天晚上不洗碗。」大家冷靜的討論基本問題、協商解決辦法、傾聽對方的立場、輪流發言、試圖達到雙贏的局面。除非孩子已經學會這些技巧，不要放手讓他們自己解決紛爭。

不要隨便說雙方都該罵，高度敏感兒童最受不了父母冤枉他們了，他們可能覺得需要協助的時候不會有人協助他，於是放棄自己或欺負別人。如果他總是和同一個人吵架，試著找出其中原因。

◆節日

保持過節簡單而有意義，不要過頭。客人不要太多。頂多只要求孩子打聲招呼就夠了，鼓勵孩子參與，盡量邀請孩子喜歡的客人來家裡。

節日令人興奮，尤其是有禮物、特殊服裝或特殊客人的節日。如果是宗教節日，不用跟孩子說太多細節，每年學一點就夠了。建立家庭節日儀式和固定慶祝方式，讓每年一度的日子仍然感覺熟悉。

◆搬家

藍道一年級時搬家，他希望新房間和舊房間一模一樣。藍道交了個新朋友，可是連續幾個月都不肯出去玩，終於肯去朋友家的時候，他堅持要放某一部他喜歡的卡通，不然就不肯待下來。他在盡力維持環境裡不變的因素。

高度敏感兒童像貓咪一樣，非常依戀舊家。他們認識牆上每一道刮痕、院子裡每一棵樹。他們熟悉家附近的環境，搬家就像移植一棵老樹似的，不可掉以輕心。

如果必須搬家，多給孩子一些時間。帶孩子去新社區熟悉環境，公園、圖書館、商店。最後才打包孩子的房間，到了新家，先整理好他的房間。不要馬上丟掉任何東西。家具和東西盡量擺在相同的地方。特別準備一箱「安慰物品」，像是枕頭，讓他一到新家就拿出來。

搬家那天，每個人的壓力都很大，用最適合你們的方式處理。給孩子多一點時間適應，讓孩子參與過程，或是讓孩子待在別處。

搬家之前和之後都要談論他的感覺、你的感覺。哀傷和悔恨的情緒是正常的，但是也要強調新家的優點。

注意自己的壓力、脾氣和哀傷。盡量讓日常習慣保持固定，三餐、說故事、玩遊戲，這些熟悉的活動會讓孩子覺得心安。

◆焦慮、沮喪

高度敏感兒童在壓力下容易焦慮或憂鬱，例如在學校沒有朋友、家中有重病患者、家長失業。有些高度敏感兒童會因為看到人生不可免的苦難而感到沮喪，他們明白生命無常。如果孩子出現焦慮或憂鬱，不要認為這是你的錯。即使你給孩子造成壓力，也不要一直責怪自己。你可能已經做了你能做的一切，有個特別容易受傷的高度敏感孩子也不是你的選擇。最重要的是：現在要如何好好面對自己手上有的牌。

我們已經在第7章討論過，恐懼很容易變成長期焦慮，因此你需要盡量減少恐懼。還好，這個年紀的孩子比較懂事了。你可以跟他保證：不幸事件發生率極低。我們無法否認這些危險的存在，我們唯一能做的就是知道生命無常，卻仍然充滿勇氣的面對每一天。高度敏感兒童比一般人更無法忽視生命無常的事實，你需要幫助他們鼓起勇氣。不要忽視他們的恐懼，但是示範如何與恐懼共存。

焦慮或壓力之後，接著是憂鬱時期。徵狀包括失眠、嗜睡、缺乏能量、缺乏樂趣或興趣、缺乏食慾、易怒、行為失序、退縮。如果這些現象幾乎每天出現，長達兩週，就算是憂鬱，而不僅僅是心情不好。憂鬱的人或許看起來很正常，只有家人注意到不同。高度敏感兒童常常發生憂鬱。

如果孩子出現長期焦慮、憂鬱、易怒現象時，家長必須決定是否用藥。我會建議家長仔細研究這方面的資料，有了全盤性瞭解再做出決定。大部分的醫生都是由藥廠那裡得到藥物資訊。廠商總是在商言商，不談用藥的缺點。我們無法預知長期用藥對發育中的腦部有何影響，現在還沒有終身服用利他能（Ritalin）的案例，無法跟其他未服藥的人做出比較。

因為缺乏用藥的研究，我想先討論其他方法，例如氣質諮商教你如何調整教養方式來適應孩子的需要，兒童心理師可以看看家人互動有沒有什麼值得注意的地方。最後，可以帶孩子去接受諮商。不過，孩子不容易理解為什麼必須見諮商師，可能會覺得自己不正常，因此更焦慮或更沮喪。

藥物的短期效果非常好，即使孩子沒有真正成癮，當恐懼及問題再度發生，他們也很難放棄服藥。高度敏感兒童常常經歷短期焦慮或憂鬱，尤其有事發生的話，例如失望、失去、被拒絕。如果時間短、不影響學校生活，或許最好讓孩子學習管理自己的情緒，不要用藥，讓他多練習控制情緒。另一個方法是用小量藥物，讓孩子調整到可以自我控制的情緒強度。

最佳治療就是你的建議和身教。你可以找專家教你如何教孩子「行為管理」或「情緒控制」。例如，關於沮喪憂鬱，首先，承認自己沮喪憂鬱，然後表示同理：「你今天看起來很喪氣。有時候實在很難，對不對？」然後研究一下原因：「有什麼事情讓你不開心嗎？」讓孩子知道你不是在刺探，而是想找出原因，幫助他宣洩情緒。

一旦同理過了、瞭解原因了，你可以教孩子採取行動，而不是被動的接受情緒。行動之一就是確定事實：「你何不去問問爸爸，看他是不是真的在生你的氣？」另一個就是想想發生的事情，重新賦予意義：「你這次沒有贏，可是你以前都沒有跟這麼有經驗的人玩過西洋棋呢。」你可以想想以後如何避免同樣情形發生：「我自己絕不看那種電影，電影裡的故事是假的，有人喜歡看那種故事。或者他可以提醒自己，故事是假的。可是我知道很多人都不看這種電影。我就不看。」

如果知道原因還無法解決問題，或是情緒一直持續，你可以提出下列建議：

鼓勵孩子想一想，平常什麼事情會讓他心情變好？即使不想做，也去做做看。「我知道你想躺在沙發上。可是散散步（洗個澡、跟朋友玩、和某人談一談）或許會有幫助。也許聽起來沒意思，但是我知道，有時候即使我不想做，做完了還是會心情好一些。這種時候，我會逼自己去做。」

暗示孩子情緒是會改變的，做點別的事情會讓情緒比較容易平復。「或許吃飯之後，你的感覺會不一樣呢。」

鼓勵他解決問題。「我們來想想辦法吧。」

鼓勵他尋求協助。「或許我們應該跟老師談一談。」

留意一下什麼最有用，跟他說，看看下次他會不會採取同樣的對策。你的作用就是觀察他的情緒、協助他管理。他可能常常忽視或拒絕你的建議，沒關係，或許下次他會試試看。

我不是反對用藥。如果孩子壓力過大，情緒一直都在，會影響到他正在發育中的腦子。有些孩子或許真的需要藥物。重點是你要有足夠資訊，找不同的專家評估。即使用藥，也要同時改變環境及適應技巧，效果才會好。

減低家中壓力

如果壓力不大的話，高度敏感兒童比一般兒童更健康、更少意外受傷。如果你注意減少家中壓力，受惠的將不只是孩子。有些壓力無可避免，例如爺爺過世、新聞中的恐怖分子活動。我們只能保護孩子不要過早接受過多這種訊息。如果遇到了，和孩子真誠討論，說明居住社區的安全性、已經採取了什麼安全措施、示範自己如何適應壓力、承認生活有時不那麼容易。

生活中的機會和期待也會造成壓力。現代人擁有無限的機會，我們可以隨時打電話給任何地方的人、從網路上可以學到各種知識、我們可以旅行到世界各個角落、學習各種技藝。金錢、名氣、智慧、心靈成長……要什麼有什麼。至少我們覺得如此。這也是我們教導孩子的訊息：「你可以成為任何人，可以做任何事情，要勇於做夢。」

高度敏感兒童本來就會做過頭了，電玩、電視、網路更提供無限的娛樂與學習。學校會一直提供更多資訊，還加上課外活動。一個人的體力有限、吸收有限，高度敏感兒童尤其容易燒過頭。活動少一些反而比較好。

◆評估孩子生活中的壓力

可辛卡（Mary Kurcinka）寫了一長串兒童的壓力源，許多壓力源是成人想都想不到的。我們已經提過生日宴會、旅行、節日、搬家、看醫生、學校。還有，壞天氣讓孩子不能出去玩，或是出去玩的壓力比較大。讓人心煩的新聞、小朋友之間的衝突、分享的張力、被取笑、被拒絕、被欺負、被誤會。

每個孩子都需要面對童年結束的壓力、接觸痛苦或死亡的壓力、邁入成年的壓力。再加上高度敏感兒童必須面對與眾不同的壓力，注意到更多細節的壓力。他可能不會說：「我壓力太大。」但是你會注意到：

- 行為退化——已經會做的事情忽然不會做了，像是上廁所、穿衣服、分離。
- 小困難會變成大問題。
- 誇張的情緒——不尋常的恐懼、哀傷、易怒。
- 較多生理問題——氣喘、過敏反應、頭痛、胃痛、經常感冒。
- 失眠、做惡夢、嗜睡。
- 黏人。
- 孤立——躲在衣櫥中、待在家裡不出去。

◆短期減壓法

減低壓力有長期和短期策略。一旦孩子受到過度刺激，請馬上運用以下這些短期策略：

避免或處理壓力反應：安排許多休息時間或安靜時間。

安撫孩子：觸摸、擁抱、哄孩子睡覺、完全接受的傾聽、提供健康而令人滿意的食物、足夠的睡眠、和大自然或動物相處、玩水。

讓睡眠成為第一要務，第二天才能有良好表現。長期睡眠不足是高度敏感兒童的大敵。

有特別活動時，引進熟悉的事物。維持日常習慣、帶著熟悉的玩具、玩平常玩的遊戲、去老地方。

減少做決定。一般而言，我會鼓勵孩子自己做決定，但是壓力過大的時候，我會減少孩子做決定的需要。例如，他對上學感到焦慮，早餐就不要問他想吃什麼。直接提供他平常愛吃的東西，看他要不要吃。

一旦事情改善，研究一下，以後如何避免同樣狀況發生。

◆長期減壓法

以下是一些建議，可以長期改善家庭環境：

建立習慣、事前計畫，減少做決定和意外。例如，三餐定時、一起計畫吃什麼、寫行事曆。

和孩子在一起。人是社會動物，和人在一起有安撫作用。有些事情是否可以一起做？例如，在同一間房間換衣服，或是你回電子郵件的時候，讓孩子在旁邊畫圖。找些共同興趣。一起種花、烹飪、蹓狗、洗澡。高度敏感兒童需要自己的時間，但是也需要你的陪伴，不要跑遠了。有時候需要鼓勵他一下。如果孩子寧可一個人獨處，想一下，你是否太急躁、太易怒、太刺探隱私、堅持要他說話了？有時候，安靜的一起做事情是最棒的分享。

讓大自然成為生活的一部分。我要一再強調這一點。即使只是養金魚或盆栽植物也好。孩子需要大自然來平衡自己。我們來自大自然，我們的身體需要大自然。

思考並討論人生意義。人生有很多樣貌，追求知識學問、從事神職、協助他人、創造、新經驗、家庭生活、友情。如果你知道自己的人生目標是什麼，與孩子分享。讓孩子知道你的價值，也從你身上學習如何整理自己的目標。

如果你自己也不確定、焦慮、喪氣，就不要讓孩子分擔你的重擔。不要跟孩子分享太多心事。就跟孩子說，成人有時候也需要重新思考自己的人生，有時候也會不確定，但是不會一直如此。

跟孩子談談，你如何面對人生的不美滿。孩子會聽到、害怕或經驗一些不好的事情，這是最大的壓力源了。你如何面對暴君、失去、痛苦、死亡——你害怕什麼？你比孩子有經驗，跟孩子分享這些。但是不要說一些無法實踐的幻想，事到臨頭可能會讓他很失望。生命中有一些無解的事情沒關係，這比胡亂拍胸脯保證更來得叫人放心。

如果無法避免巨大壓力事件發生，就乾脆全心擁抱它。我認識的一些值得交往的成人中，每個人的童年都有重大壓力事件。困境可以磨練人格，全看父母如何協助孩子理解困境。

疾病、貧窮、家庭變故，都是重要的人生課程，甚至可以啟迪性靈。如果你可以用這樣的角度去看事情，就可能對孩子有幫助。

養育難帶的高度敏感兒童

截至目前為止，我們談的高度敏感兒童似乎都謹慎、體貼、退縮。但是有些高度敏感兒童不同。九歲的狄娜是個非常戲劇化的人，情感強烈、堅持、勇於發表意見、非常有創造力、非常喜歡表演。在家裡，她很難相處、很戲劇性、很挑剔。如果她不喜歡某件事，每個人都會知道。事實上，除非先處理好她的情緒，否則大家什麼也別想做了。她非常能夠覺察別人的情緒，但是某些時候似乎完全不在乎——那要看這件事情對她的影響如何。

狄娜顯得強悍、難養育，還好，她的父母知道，狄娜的內在其實很脆弱。他們知道處罰並不會讓她發展出自我調節的技巧。

九歲的查克喜歡滑雪、爬樹。他感到失望時，對母親態度很惡劣。而且他很頑固。去看牙醫的時候，他就是不打開嘴巴，直到最後醫生告訴他：「你如果不打開嘴，我就只好把你綁起來了。」

查克第一次去跟神父告解的時候，髒兮兮的、光著腳、充滿抗拒。他拒絕跟這個陌生人說話，堅持：「我就是不跟你說，你拿我沒辦法。」

查克也有溫柔的一面，他很容易哭、總是在調解家庭紛爭、非常喜歡照顧學弟學妹、對沒朋友的同學友善、有人被取笑時會幫他說話。

◆管理戲劇化孩子與叛逆孩子的情緒

像狄娜和查克這種戲劇化、勇於發表意見、有創造力、情感強烈、難以相處的孩子並不常見。他們缺乏自我調節的能力，常常自己也知道要惹上麻煩了，但就是停不下來。他們被情緒和意見沖昏頭，總是得罪人。他們需要堅定實在的父母。如果父母情緒失控，他們受到的影響比別的孩子都更大，他們會更為失控。

這種孩子耗盡成人的耐性，但是千萬不要失控或喪氣。這些孩子就是會被情緒帶著走。成人必須教他們控制自己，才能和別人共處而相安無事。

堅持你的標準，但是慎用處罰。處罰會提高興奮程度，讓孩子無法學習。只要堅定的重申規定、堅定的執行，事後讓他們明白自己為什麼會失控：「我在猜，你是不是累了，所以對我們那麼不高興？」「會不會是因為學校裡發生了什麼事情？想談談嗎？」

想想你的責任和困難，不要一個人面對難帶的孩子。請親友幫忙，或是尋求專業協助。特別難帶的孩子可能有其他問題需要處理。我強烈建議讓孩子做天生氣質的檢測，並請專家協助檢查環境中有哪些不適合孩子的元素，還有應該如何教導孩子表達。孩子可能有許多行為問題，一次只要處理一兩項。你得決定孰輕孰重，先處理哪個問題。首先把問題分成三類：「現在就改，不然我受不了」「能夠這樣該有多好」以及「總有一天」。從第一類開始，可能是粗魯、發脾氣、拒絕上床等等行為。針對這些行為建立你能接受的標準，其他的先別管。

如果問題還是不消失，你得找其他專家協助，但是這些專家可能不懂天生氣質，會給孩子的問題貼上標籤。許多老師或諮商師會立刻想到注意力缺失過動症。因為高度敏感兒童會注意到各種細節，在吵雜的環境中容易分心，因此而被診斷為注意力缺失症。你需要想想，分心的狀況是否是突然發生的，例如換了新的老師，嚴格要求學生專注，高度敏感兒童因為做不到而更加焦慮，於是更加無法專注。如果學校很吵鬧、刺激很多，高度敏感兒童也會顯得無法專注。

如果換了適合的環境，幾個月後，還是沒有改善，可能就要做全面性檢測了。除了注意力缺失症之外，學習障礙、躁鬱症、憂鬱症及其他病症都有可能。

如果孩子是因為天生氣質而有困難，要記得，這些個性經過輔導之後，往往具有非常可貴的特質。歌劇明星必須具有強烈情感，運動家必須具有高度活動力。家庭生活現在或許很困難，但是只要給他足夠支持，孩子的未來無限光明。

應用：改造家庭生活

把孩子的才華、優勢、好個性都寫下來。

把孩子的困難與問題也寫下來。例如：容易生氣、粗魯、固執、不願意嘗試新事物。

1. 問問孩子，他是否願意努力改變其中之一。
2. 如果他願意的話，一起設定計畫。一起決定合理目標，討論其中的過程。
3. 如果以前試過而沒有成功的話，這次嘗試新的、有創意的、可能會成功的不同方法。
4. 不要用獎賞，一起列出改變的好處，達到目標就是最好的獎勵。如果孩子害怕做不到，把目標分成一次一小步。如果孩子失去興趣，提醒他。你可以同時幫自己訂定一個目標，和孩子一起努力，分別達成。討論意志力、堅持到底有什麼好處。偶爾做不到沒關係，反而可以從中學習如何避免失敗。

讓孩子自己決定要不要改變。即使你現在能夠逼迫孩子做改變，他大一點之後，他也會反抗。

第10章

在外面的學齡兒童

◇協助孩子享受學校生活及社交生活

本章討論高度敏感兒童在學校及社交場合的表現——應該外向到什麼地步、如果交不到朋友怎麼辦、遇到過夜邀約怎麼辦。然後討論你能夠如何協助孩子、孩子的學業表現以及同儕關係。

好消息：我從來沒有見過在學校有嚴重行為問題的高度敏感兒童。他們很少打架、欺負人、說謊、偷竊、逃學、嗑藥、污辱老師。他們至多是班上小丑，說幾句俏皮話。他們通常會是好學生、跳級、喜愛學習、讓老師讚美不已，有時候可以是班上的領導人物，至少有一個很要好的朋友和幾個合得來的朋友。

比較不好的消息是：對這些孩子而言，學校生活往往壓力過大。即使像狄娜這種戲劇性的孩子，或查克這種叛逆型的孩子也受不了。

狄娜就像其他高度敏感兒童，比較會處理一對一的關係。狄娜試著控制自己，知道別人會受不了她的強烈反應，但是老師還是說她「太敏感」「感情太容易受傷」。他們無法給狄娜足夠的時間消化自己的感覺。

例如，如果有人取笑她，狄娜會生氣或哭起來，欺負她的人更高興。如果她不為所動還比較容易交朋友，這些都需要時間學習。

查克很受同學歡迎。他是班上的小丑，女孩子們都很喜歡他，他的學業表現不佳，比較喜歡觀察昆蟲，不喜歡讀書。他總是為了成績不如同學而有壓力。但是他還是有很多洞見和建議，在班上常常發言。

不論是強悍、意見多，或安靜聽話，高度敏感兒童都覺得上學很辛苦。許多成人跟我說，童年的家庭生活很好，學校生活卻像地獄一般，讓他們至今仍有創傷。

高度敏感兒童在學校面對什麼？

首先，學校是個高度刺激的環境。80％的學生不是高度敏感兒童，教室通常太擁擠、太吵鬧，在校時間太長。學校可能很無聊，因為高度敏感兒童很快就瞭解老師交代的話，但是老師還是得一再重複給其他學生聽。他只好胡思亂想，等到回過神來，可能已經錯過了接下來的訊息。

第二，學校的規矩和處罰都比家裡多，而且不是針對高度敏感兒童設定。高度敏感兒童通常很願意遵守規定。如果被處罰，他們可能特別承受不了。這些處罰本來就是為了最頑固的非高度敏感兒童而制定的。

第三，在學校裡，高度敏感兒童有社交困難。在家裡或朋友家裡，他們可能就像別的孩子一樣活潑。但是在學校裡，他們是少數，可能變得很安靜，觀察著一切而不參與。他們會看到有人被欺負，因此更為退縮，或產生強烈反應，讓他們顯得更突出。等到他們終於搞清楚遊戲規則的時候，別人都已經交上朋友了，對他們的成見已深——膽小、奇怪、不合群、驕傲、害羞、無聊。

結果就是高度敏感兒童在學校感到焦慮。過度刺激加上焦慮會妨礙社交、學業和體能表現。惡性循環之下，學校生活變成惡夢一場。

如果你的學齡孩子顯得憂鬱沮喪、情緒不好、易怒、容易受到刺激、退縮，就要思考以上的問題。

教室——反映文化中的理想氣質

歐洲教室比美國教室安靜，刺激較少，尤其是瑞典。黑板是隱藏式的，要用的時候才拿出來，桌椅不是並排擺放，到處是舒服的家具，好像家庭裡的客廳和廚房。即使在比較貧窮的東歐國家，教室家具也乾淨整齊，具有美感。

歐洲教室布置顯得安靜溫暖，讓孩子以自己的速度學習，並培養好品味。學生情緒和習慣都比較好。這種環境最適合高度敏感兒童。

相對的，典型美國教室充滿資訊，試圖讓學生用最快的速度接觸最多的訊息，活動多、不重視秩序。桌椅往往既不美麗，維修狀況也不佳，似乎等著孩子破壞似的。美國教室適合活動量大、渴望刺激、適應力強、不會注意到細節、能夠忍受吵鬧的學生——絕對不適合高度敏感兒童。

社交生活與害羞

十歲之前，害羞還不是主要問題。十歲之後，就可能引起自卑、寂寞和焦慮了。在國中階段，不善社交會被視為很大的缺點。

研究顯示，只要有一個好朋友就足夠提高自我形象和社會地位了，尤其如果是有意義的、真心的友誼。在一群人中間感到害羞的人也可以形成一對一的深刻友誼，因此，不論孩子有多麼害羞，都要協助他找到至少一個好朋友。

最後要記得，小時候害羞並不表示他長大了就會害羞。有時候，搬家或換新的班級會讓事情改觀。如果孩子年復一年的害羞，或是孩子因此受到取笑或欺負，你就需要注意了。

◆協助孩子交朋友

如果孩子說他都沒有朋友，先看看是否真的如此、為什麼如此。有時候，即使他有幾個朋友，高度敏感兒童還是會誇張他的問題，因為自己與眾不同而覺得孤立。只要有一個朋友就夠了，即使其他孩子可能有更多朋友。如果老師說孩子下課的時候都一個人，你就需要找出原因。你可以溫和的與孩子談談，自己也多觀察一下。

有時候老師可以幫忙，知道某個學生比較友善，可能跟你的孩子成為好朋友，就把他們放在同一組或把座位排在一起。

如果老師無法幫忙，或許你可以幫忙。一對一比較容易交朋友，你可以找個年紀相當、上同一所學校、有共同興趣、家庭價值相近，但是還不認識你的孩子的小孩。

邀請這個孩子來家裡玩，或邀請對方家庭來家裡作客，一起野餐或出遊。大家一起聚會的話，孩子比較自在，你可以觀察孩子的互動，據此教導孩子如何交朋友，例如他是否話太多、太退縮、太霸道或太被動。下一個學年，安排這兩個孩子在同一個班級。研究顯示，有朋友同班的小孩較容易被其他孩子接受。

至於目前的同學，跟孩子一一討論，看看有沒有可能交朋友的對象。把家裡布置成那個年紀的孩子會喜歡的樣子，準備有趣的遊戲、可以胡鬧的空間。

◆家長如何幫忙？害羞兒童如此說

一項實驗讓小丑逗兩歲孩子玩，遞給孩子玩具機器人。到了七歲，讓這些孩子跟三個陌生孩子玩。之後，讓這些七歲孩子看他們兩歲時的實驗錄影帶，心理學者問他們對於害羞的看法、對自己兩歲時行為的看法、是否有改變、是什麼讓他們改變。

其中，兩歲時害羞、七歲時變得大方的孩子說，是因為家長讓他們接觸很多事物。這些孩子也比較在意自己是否害羞。似乎，他們已經認為害羞的個性是需要克服的缺點。家長可以讓孩子瞭解，雖然他們很謹慎，需要許多成功經驗來鼓勵自己，但是害羞也有許多好處。

◆試圖改變孩子之前，先想想自己的價值觀

高度敏感兒童可能比較晚才不吸拇指、不隨時帶著心愛的熊熊、離開你的時候不哭。你

可能希望孩子盡快停止，免得其他孩子取笑他。你也可能希望孩子可以自由表達自己的需要和情感，用自己的速度長大。

我們的社會很重視形象。你如果希望孩子融入，就要讓他穿一般人穿的衣服，必須注意保持合適的體重。不過，如果你過度強調這些，孩子會以為融入社會比其他一切都更重要。

高度敏感兒童可能對電視電玩裡的暴力很敏感，對同儕間的閒言閒語、逗弄取笑、欺負以及自己的與眾不同也很敏感。我們既希望孩子被同儕接受，又不希望他變成暴力、不在乎、心理不健康的孩子。怎麼辦呢？我們不希望孩子對電視電玩上癮、過於競爭、過度在意外表、受到性別刻版印象限制、野心過高、具有種族成見、喜愛暴力、不在乎別人的感覺。但是孩子與眾不同的結果就是會讓他痛苦。

如果你想打破性別刻板印象，就可能有個容易哭、喜歡烹飪或插花的兒子，或是不喜歡跟朋友聊時裝、玩芭比娃娃的女兒。如果你希望孩子喜愛閱讀、不愛看電視，他可能聽不懂同學在聊些什麼。如果你希望孩子對沒有朋友的人友善，他就可能同樣被歸類為不受歡迎的人物。

你想要改變社會嗎？還是要孩子改變自己？這是個人抉擇，沒有標準答案，但是需要好好思考。

我們家不吃肉，也不用白糖和麵粉。別的小朋友取笑我兒子帶的全麥麵包，而他一有機會就偷吃糖。後來我還是買了素肉和白吐司麵包，也放棄不准孩子吃糖的規矩了。

如果你的價值觀和別人不同，你要好好的跟孩子解釋，別人問起的時候，他才知道如何回答。你可以尋找具有類似價值的家庭交朋友，也可以尋找具有類似價值的學校，但是效果可能還是有限。我曾經禁止兒子看電視，而他現在的工作就是幫週六卡通電視節目寫劇本。

雖然我們的社會比較喜歡善於社交、大膽、具有冒險精神、外向的孩子，你還是可以決定孩子要往這個方向發展到什麼地步。此外還是有其他的價值體系可以選擇。你或許希望培養孩子發展他的藝術才華，充分利用他未受壓抑的敏感、具有個人風格與原創性的自我，成為可以改變社會的人，而不只是消費者。你或許希望孩子走性靈的方向，選擇很少人走的路徑。這種人可能同儕不多，卻可能有更深刻的內在思考，或是對外在世界更深刻的解讀。

我們不需要黑白分明的單單選擇一條路。藝術家、神學家、玄學家、哲學家、科學家或心理學家還是需要跟一般人相處，因此，還是請你讀一讀下列建議。

◆如何養育勇敢、融入社會的高度敏感孩子

讓孩子接觸各種經驗。一次不要太多，你們可以一起看活動資訊、報名參加孩子有興趣的活動、試試童軍團。讓他讀介紹各種活動的書，例如釣魚、劍術、魔術、西洋棋。問問同學都在玩些什麼。一起看報紙雜誌，尋找兒童活動。不要強迫他，不要做太多活動，但是一

直給他機會。

不要給他貼上「害羞」的標籤，不要打擊孩子自信。害羞只是一種心態，害怕別人批評自己不夠好。這不是天生氣質個性。你可以說：「你喜歡花一點時間適應新環境或陌生人，可是你看，你多喜歡跟朋友說話啊。」

用娃娃或熊熊做角色扮演，讓孩子學習如何加入小團體、認識新朋友。保持簡單、重複的原則。「嗨，我是小明，我可以跟你玩嗎？」練習的時候，保持輕鬆的氣氛。讓孩子明白，大家都會覺得尷尬，只要跟著大家笑一笑，就過去了。妳可以跟孩子分享自己體驗過最尷尬的一刻。

讓高度敏感兒童進入團體是很微妙的任務。建議他，進入團體時，可以先接近他比較熟悉的成員，跟他在一旁先說說話，然後跟著他一起參與。或是接近另外一個看起來也很尷尬的孩子，做伴壯膽。

讓孩子教別人、處於明星地位或玩他常常贏的遊戲。這個年紀的男生在戲劇或舞蹈教室裡往往可以演主角。試著找出孩子的才華，並且讓他有機會表現。

協助孩子發展運動才華，尤其是團體球隊。一開始可能不容易，但是如果可以發展出足夠的技巧，他就可以「屬於」某個團體。

◆特殊狀況——例如到別人家過夜

對於高度敏感兒童，去夏令營、參加球隊、團體課程……都可能充滿挑戰。如果孩子不大願意去朋友家過夜，你可以協助他逐步做好心理準備。很多友情都是在這些過夜活動中形成的，他最好參加幾次，不要等到後來再也沒有人約他。

首先，請別的孩子在自己家裡過夜——一次一個，請孩子很喜歡的小朋友。不要讓時間拖太久，你必須逼他們上床睡覺，以免孩子太累。

如果對方約你的孩子去他家過夜，而孩子還是拒絕，試著私下跟他談談，但是要尊重他的感覺與決定。

當孩子第一次到朋友家過夜時，如果會有什麼讓他不自在的地方，先跟對方家長說，請他們配合，例如他不吃什麼食物。

帶孩子過去時，可以多待一會兒，和對方家長聊聊。如果孩子願意，你回家以後可以給他打個電話，看看他過得如何。你們可以事先約定一個暗號，表示他希望你找個藉口去接他回家。有什麼事就直接和孩子說，不要讓別人傳話。

要如何舉一反三的將這些策略應用在其他活動上呢？以夏令營為例，先從白天的營隊開始，然後送他去有朋友參加的過夜營隊。寢室裡至少要有一個他認識的人。跟小隊輔導員談談，讓他知道孩子可能有的狀況，包括想家。跟孩子說，如果他想回家，你會來接他。他很可能會要你提前去接他，結果到時候又不肯回家。

◆增加社交技巧的其他方法

讓孩子接觸更多成人。能夠跟成人交朋友的孩子會在同儕間比較有自信，而高度敏感兒童往往和成人相處愉快。你可以請親友跟你的孩子聊天。

玩文字遊戲，訓練孩子快速回應的能力。盡量鼓勵自發性的表達能力。

讓孩子問路或打電話詢問資料。先做些訓練，讓他在餐館負責幫全家點餐或是打電話訂位。請他打電話詢問價格、店家的營業時間。

鼓勵孩子直視別人。因為目光接觸具有刺激性，高度敏感兒童常常避免目光接觸，別人可能誤以為他屈服或害怕。讓孩子練習直視別人，先從你開始，然後是其他家人，然後是比較不熟的人。

請其他成人協助，例如老師、教練、同學家長。先瞭解他們將會怎麼做。讓孩子和朋友分在一組、讓孩子有機會以同學羨慕的方式表現自己。

指出孩子的進步。轉變是一個過程，不會突然奇蹟發生，所以要常常指出來：「去年你還沒辦法站起來對著全班說話，今年好像容易多了。」

最後：不要讓孩子有過多社交活動。即使是外向的高度敏感兒童也比一般兒童需要更多安靜的時間。許多家長會建議每週只做一次社交活動，避免壓力比較大的球隊活動。而且要記得，孩子可能永遠都不會有很多朋友、永遠會被貼標籤、總是容易哭。這就是和敏感、熱情、創意的個性與生俱來的特質。

打造愉快的學校生活

藍道九歲的時候，整個夏天都為了開學第一天感到「焦慮得不得了」。到了那一天，他連呼吸都感到困難。

◆開學前的準備

試著讓事情越順利越好。盡量事先瞭解孩子的老師是誰。開學前就帶孩子去看教室，認識環境，找到廁所、飲水機、辦公室的位置。跟他解釋每個人在學校的角色——校長、校護等等。讓他明白有事情要找誰幫他。

◆如何跟老師溝通

老師也希望你的孩子表現優良，可是他們很忙，不見得關心學生的天生氣質，或覺得他們不應該讓某些學生有特殊待遇。因此，要強調老師的期望目標——學習效果，老師才聽得進去。

你可以把書後附的「給老師的建議」影印給老師參考。

你也可以設法認識班上的小朋友，請老師讓你的孩子跟適合的同學坐在一起。你可以跟老師說明，孩子比較擅長做哪種功課，或是對哪種功課特別有困難。要給孩子表現的機會，安靜的孩子容易被忽視，但是你可以建議老師等到開學一兩個月後再要求孩子參與活動或發言。

如果你跟老師關係良好，可以建議老師將全班分成小組。讓孩子從兩個人一組、三個人一組中練習發言，逐漸適應公開發表意見。或者你的孩子可以和另外一個人一起報告，或是不要當第一個或最後一個報告的人，多少可以減低一些焦慮。

◆讓學校對孩子友善的其他方法

小小的不適、意料之外的改變、臨時出現的刺激往往會讓高度敏感兒童度過難熬的一天。盡量事前做好準備，減低意外事件。

搭校車可能很困難。校車上沒有成人督導，卻有很多刺激。考慮一下自己接送孩子，或讓孩子自己走路上下學。

校外教學之前，先預習可能碰到的狀況。強調他會喜歡的部分，但也要討論可能不喜歡的部分，讓孩子知道可以如何處理。注意帶夠食物和衣服。

不要有太多課外活動。高度敏感兒童需要放學回家安靜一下子。如果要有課外活動，一定要找能夠體諒孩子的老師或教練。

允許心理健康日。偶爾讓孩子翹課不上學一天，在家裡睡大覺、放鬆。

關心學業表現

考慮過交友和環境之後，讓我們考慮一下學業情形。

◆如果孩子是完美主義者

高度敏感兒童通常是好學生。他們可能花很多時間準備考試或做功課。你需要關心一下，他是否花太多時間用功了？他是否害怕老師？跟其他孩子競爭？功課太難了嗎？你是否對孩子過度強調成績的重要？

對於完美主義者，你必須常常和他討論生活的平衡，提醒他不要太努力，要留下足夠的時間做其他的事情。你可能必須堅持要他休息一下。其他建議：

跟他談條件。「如果你四點之前寫完功課，我們就可以在吃晚飯之前玩個遊戲。」

幫他檢查錯誤。你自己也要避免成為完美主義者。幫他檢查功課可以讓他不那麼擔心，跟孩子說：「如果是我的話，我會覺得這篇報告已經寫得夠好了。」或是「不用再抄一遍了啦，我覺得老師會滿意了。」多誇獎孩子：「寫得很好。」

幫孩子建立輕重緩急的順序。我們不可能每件事情都做到完美，教導孩子什麼最重要。不重要的功課可以不要花那麼多時間準備。「知所先後」是高度敏感者必須學習的智慧。

討論一下應該花多少時間做功課，時間快到之前讓他知道，讓孩子習慣限時完成。

你可以跟孩子說個故事：我畢業時，畢業代表是全校成績最好的學生，他致詞說：「我每天用功讀書，週末也不例外。我看著別人去約會、看電影、打球。四年下來，我學到的是，當全校第一名是我最大的錯誤。如果我跟其他人一起出去，可能獲得的還更多。」

除此之外，你可以跟孩子分享你自己接受力不從心和錯誤的經驗。

◆非完美主義的孩子

當然，有些高度敏感兒童完全不是完美主義者。他們可能覺得上學很無聊，也可能有某種學習障礙。不要假設這些孩子缺乏智力或缺乏動機。

高度敏感兒童一旦遇到失敗與挫折，受到的打擊之大，往往使他們為了保護自己、逃避批評或羞辱而刻意表現得好像不在乎。我的兒子就是這樣，他看起來不在乎自己表現如何，寫字或寫功課都不用心，大家都覺得他不是好學生。

我花了幾年時間仔細輔導他，確定他的功課都有好好寫，每個考試都好好準備，每個口頭報告都準備了漂亮的簡報，每件創作都用好材料，讓孩子的作業得到讚美，慢慢的，他就喜歡把事情好好完成了。

高度敏感兒童往往覺得課堂很無聊，因為真正花在學習上的時間很少。除非老師特別有創意，不容易讓這些孩子有足夠的資訊挑戰他的思考。對他而言，光是畫一艘哥倫布坐的船還不夠，他需要思考在那艘船上航行的感覺如何、看到陸地時的感覺如何、遇到原住民是何光景、哥倫布登陸對西班牙人和原住民的影響是什麼……你可以鼓勵孩子進一步深入思考。

◆通才和專才

高度敏感兒童有兩種學業模式：對什麼都有興趣，或是專門對某件事情有興趣，例如只想寫詩或只想觀察昆蟲。這兩種學習風格都沒問題，不過，什麼都有興趣的孩子比較容易被視為好學生，他們的問題要到以後才會出現——當他們必須選擇專長的時候。

老師往往認為只對某件事情有興趣的孩子有問題，你可能需要多花點心力為他說話，或解釋一下：「我知道他沒寫作文，因為他的時間都花在觀察昆蟲了。」讓老師覺得或許孩子另有值得鼓勵的專長。

有時候你可以把無聊的科目變成他有興趣的內容，例如不喜歡作文只喜歡昆蟲的孩子可以用昆蟲的眼光寫一首詩，只喜歡寫詩不喜歡昆蟲的孩子可以經由觀察昆蟲，利用昆蟲行為來增加寫詩的隱喻和詞彙。假使孩子只有某種興趣，要鼓勵他繼續深入發展。在他有興趣的領域，幫他找個可以指導他的人。

當孩子受到欺負

即使孩子在學校有好朋友，能夠參與班級活動，學業也沒有問題，他還是可能哭著回家，告訴你他被別人欺負了。

我在第8章已經說過，高度敏感兒童的氣質和別人不同，容易成為被欺負的對象。他的反應會比較強烈，同時比較不會採取報復行動，欺負他比欺負別人更有趣、更安全。這很不容易處理。以下是一些建議：

先確定狀況是否真的那麼糟糕。不管你做什麼，都可能讓狀況變得更糟糕。所以，考慮一下是否需要干預。

確定發生了什麼。孩子最怕的是什麼？你需要預防什麼發生？

討論殘酷和惡意。讓孩子知道這是不對的，孩子需要你的同理、支持、回饋。你也可以和孩子一起，試著瞭解對方的心理，他是否有很多壓力？被別人欺負？成績不好？瞭解對方的困難可以讓你的孩子更容易找到解決的方法。

討論如何伸張正義。要向誰提出抗議？如何提出？抗議必須堅定、有效，哭哭啼啼的抱怨只會惹來更多麻煩。

讓孩子觀察別的孩子如何面對同樣的問題。他們怎麼做？忽視？走開？笑一笑？諷刺回去？報復？用角色扮演練習面對。不過，高度敏感兒童不一定能夠像別的孩子一樣反應。某些成人的策略，例如講道理或以德報怨，在校園裡是行不通的，只會讓孩子更像個異類。

協助孩子融入。衣著要合宜。自我防衛課程可以讓孩子顯得更有信心，像是柔道、跆拳道，因為他知道萬一打起來，他可以打贏。

如果有某個特定孩子欺負他，讓他們有機會一起做事情，或是分在同一組等等。

用一切方法停止欺負。受欺負是很糟糕的創傷經驗。如果跟孩子談沒有用，就跟老師談、跟校長談、跟其他家長談。如果狀況真的很糟，考慮讓孩子轉班、轉校或休學。

瑪莉蓮如何處理流氓

週會的時候，傑夫推了藍道。傑夫年紀比較大。藍道一想到這個人就覺得焦慮，想盡辦法躲開他。上學的時候，如果看到傑夫，藍道就不肯下車。如果傑夫的球隊和藍道的球隊比賽，藍道就不肯上場打球。

瑪莉蓮打電話給傑夫的媽媽討論這件事。傑夫的媽媽說，他們正在辦離婚，傑夫心情很不好。於是瑪莉蓮請傑夫和他的兩個弟弟一起來玩，其中一個弟弟是藍道的朋友。瑪莉蓮帶這四個男孩出去玩，讓他們認識彼此。

之後，瑪莉蓮又約了他們幾次，雖然傑夫和藍道並沒有成為好朋友，但是後來在同一個球隊打球，相處沒有問題。

一開始的問題雖然很小，但是如果傑夫看出藍道的恐懼，繼續欺負他的話，狀況就可能更糟糕。一旦有機會熟識，傑夫就會把藍道當成自己人，不是外人。

兒童時期告一段落

提醒大家：撫養高度敏感兒童其實是一件困難的任務，但也是非常令人滿足的挑戰，讓你成長、鍛鍊人格。接下來，面對青春期，你會需要非常成熟、非常堅強。

應用：改造學校、社交生活

先想一想，你的孩子需要改進些什麼？面對陌生人的害羞、缺乏朋友、花太多或太少的時間做功課？問問孩子，他想不想改善情況？如果他同意，一起做計畫，訂合理的目標，達成階段性任務的共識。

如果是老問題，試著想些新的、有創意的、可能成功的解決辦法。舉個例子，如果孩子參加了游泳訓練班，卻沒有學會游泳，或許這次試試一對一教學。可能的話，盡量不要用物質獎勵。

如果孩子和不認識的成人說話非常不自在，你們可以達成協議，在你的陪伴下，讓孩子每週跟陌生人說一次話。然後增加到每週兩次、三次，然後每天一次。一開始可以讓孩子打電話問資訊，然後是跟家裡的客人寒暄，寒暄內容可以事先練習一下。

然後你可以約個孩子不認識的成年朋友一起吃飯，事先跟朋友說好，請他好好的回答孩子提出來的問題。同樣的，請記得讓孩子事先練習有禮貌的寒暄。

第11章

敏感的青少年及年輕人

◇讓青春啟航的艱困任務

本章一開始要提醒各位，高度敏感青少年必須面對的是什麼。然後我們一一討論：和家人相處、順利度過中學階段的社交生活和學業、戀愛、性。接下來是離家獨立以及成年生活。

前有惡水

十四到十八歲是從兒童轉大人的過渡階段，對所有的青少年而言都不容易。四年之間，他們要從玩著玩具的天真孩子變成小大人，開車、打工賺錢、面對性的覺醒、面對藥物及酒的誘惑、計畫並追求進一步的學業及事業發展。在學校裡，他們可能必須面對與自己成長環境極為不同的同學。同時，在美國文化中，他們即將離開家，獨立過生活。

這些轉變是很大的壓力。對高度敏感者更為嚴重。即使充滿信心，他們也可能覺得面對的挑戰過於巨大。除非他們得到充分的同理、支持，可以慢慢適應這些轉變，這些青少年可能會選擇逃避——未婚懷孕、宗教狂熱，甚至身心疾病。有些則選擇了自殺。

大部分高度敏感的年輕人遇到困難會用比較溫和的方式表達出來，他們可能不願意約會、想去又不願意去參加派對、總是在擔心自己要上什麼大學。結果就是他們安安靜靜、若有所思、易怒、焦慮，同時又努力顯得成熟、體諒。家長完全無法瞭解他們的困擾。

我們不是要讓你擔心，只是希望你瞭解孩子面對的壓力有多大。

◆高度敏感——理想青少年

高度敏感的青少年很乖巧，不會像一般青少年那樣問題一大堆。他們往往希望自己立刻成為成人，最好把整個青春期都跳過去。不管是對家人或是對其他人，他們都會努力體諒別人。在學校，他們可能成為捍衛正義的代言人。

只要好好溝通，他們就不會參與非法、不健康、有危險的活動，例如酗酒、嗑藥、濫交、飆車。如果青少年用藥，往往表示他在自我投藥，試圖克服內在焦慮或沮喪。濫交的行為則顯示他的內在壓力可能大到不自覺的想和別人合為一體，不願意獨自面對人生。飆車及其他危險活動則代表了自我毀滅的傾向，這往往是求救訊號。只要有足夠的支持系統，這些行為就很少出現。

此時，高度敏感者逐漸顯露出才華和深度，在學業上、藝術創造上或其他需要敏感度和深思的方面表現優良。他們可能初試啼聲、表現亮眼、對美感獨具慧眼、具有超齡的洞見。他們擁有互相關懷、有趣的友誼。他們的內在世界開始蓬勃發展，對心靈、心理學、哲學產生深刻的興趣。他們會開始努力克服自己的限制，例如恐懼、害羞、缺乏經驗或缺乏冒險。

在這個時期最令人印象深刻的應該是他們獨特的原創性。

◆敏感的計程車調度員

小河十九歲了，他說：「我是觀察型的人。」他小時候很害羞，當了計程車調度員之後就克服了這個缺點。開始新工作時：「我會等一等，觀察，直到我知道可以做什麼，不可以做什麼。學著不要做蠢事，就不會再害羞了。」如果有人跟他過不去：「不要放在心上，把事情做好就好了。」

小河的學校經驗並不順利，高一和高三都在家自學。小河說他喜歡打球，也很會打球，但是國中之後就不打了，因為大家都想打贏，打輸了教練會發脾氣。現在他有一群朋友，並不會想念學校的社交圈。他參加了一個在公園裡玩角色扮演的團體，大家即興扮演指定的角色。他和這些人處得很好。

他覺得自己最大的問題是對於身邊的人過於敏感。如果有人有任何需要，他就覺得自己必須做出回應，「身不由己」，他說。

◆這個孩子敏感嗎？

小河負責調度計程車、在公園玩角色扮演的遊戲，都是一些需要有點冒險精神的事情。十九歲的珍奈也是這樣。她剛剛開始上哥倫比亞大學，完全愛上了紐約。她也愛美式足球，甚至自己下場玩。她從國中就開始打美式足球了。我也認識獨自騎車橫跨美國、玩滑翔翼、長途海泳、一個人在印度旅行的高度敏感青少年，或是喜歡參加音樂會或運動會、跟大家廝混、逛街、穿奇特的衣服引人注意、一面講電話一面煮東西。這些事情，高度敏感成人大概都不會有興趣。

這些孩子真的高度敏感嗎？絕對是的。雖然有些高度敏感青少年不做這些事情，但是，高度敏感的人在青少年階段最有可能嘗試新經驗，也最不在乎過度刺激的問題。研究顯示，小孩子和老人的感官最脆弱。最不敏感的階段就是青春期和二十多歲的時候。即使是最敏感的青少年都喜歡聽很大聲的音樂，而且還一邊做功課一邊聽。到了三十歲，相信我，這個習慣一定會變。

這也是他們最大膽、最英雄主義的人生階段，參加和平志工團、一個人去異鄉打拚、創建公司、揹個背包走天下、寫詩、畫畫、寫生。這是個很重要的人生階段。

他們身體裡充滿了荷爾蒙、腦部成熟了、年輕而信心十足。因為缺乏經驗而天真到不知世事艱難。高度敏感的孩子更可能刻意接受挑戰，以證明他們跟別人一樣勇敢。

◆面對敏感青少年時需要記住的事情

跟青少年談話的首要條件就是：搞清楚你是在跟他體內的成人說話，還是跟他體內的小孩說話。他們確實希望大家把他們當做成人看待——這是他們的目標。他們也能常常像成人一樣的思考。但是有時候，他們會退回到孩子的角色，期待別人拿他當孩子。你知道要如何和成人或兒童相處，問題是你得搞清楚你正在跟哪一個打交道。

更難的是，他會變來變去。那個成人可能為自己的童稚行為感到丟臉，於是迅速變回來，拒絕你的協助，讓你措手不及。況且，他不是一般的成人。這個成人經驗不足、過度自信，甚至自以為是。十二歲左右的時候，兒童的腦部快速發育，發展出全面的邏輯思考能力，忽然可以有系統的思考、從事抽象心智活動、想像各種後果、測試他們的理論、思考客觀真相。在學校裡，他們表現優良，經常得到讚美。他們覺得好像可以解決世界上所有的問題。

你必須極端有耐性。你也需要提醒孩子基本的尊重、誠實、善意。即使是高度敏感的孩子也可能不肯做他該做的事情，像是倒垃圾。他們會有意無意的忘記、找藉口、詭辯，來逃避責任。

你不能放棄。一定要堅持下去。你必須堅持要他信守承諾、遵守基本禮儀、展現對人的尊重，尤其是要他對你這個老古板客氣一點。你必須努力堅持，而孩子必須努力抗拒。這就是大自然的法則，等到分離的日子來了，你們雙方都可以鬆一口氣。

◆你能做些什麼

或許孩子看起來很強悍，聽起來聰明有自信，但是你還是要遵守以下建議：

確定孩子還在跟你說話，或跟某個成人說話，諮商人員、輔導老師、親戚、教練都好。你，或這個成人，需要提供孩子同理心、建議、支持，並且要瞭解高度敏感的天生氣質。孩子需要知道觀察力、洞見和原創性的重要。他需要知道如何調適自己的人生，例如多些安靜時間、少些刺激、注意刺激程度、多些時間適應環境和轉變。

提醒孩子管理過度刺激。小心不要用像是警告或建議的表達方式，以免得罪孩子心裡的成人，你可以跟孩子分享你的觀察。跟青少年講話一定要簡潔，不要囉唆，能夠帶點幽默感更好。

大量表現你的愛和肯定。現在，你們相處的時間減少了，你可以簡短的表達你的愛和支持：「我愛你。」「你看起來好極了。」「對了，我覺得你那天的表現很棒。」

鼓勵思考。常常問他的意見，尤其是困難的道德議題或世界議題。你會很驚訝的發現孩子多麼有智慧。不要拿「只要青春不要毒」這種華而不實的口號來搪塞他，請他詳細研究藥物對身體的影響。不要拒絕孩子學開車的要求，請他去研究一下青少年開車的肇事率、這個年齡的保險費。然後再討論。

表達信任，而不是擔心或懷疑。常常跟孩子說：「我相信你會做對的事情。」「想一想，然後做正確的事情。」或許你沒信心這麼說，可是面對一個自認為什麼都知道的驕傲年輕人，你還能說些什麼？「懷疑」會汙辱他們的判斷力，而且不會有任何好結果。

接受青少年需要與你拉開距離的事實。不管你們以前多麼親近，他現在需要與你拉開距離，尤其是母女之間。你們還是可以有很親近的時刻，但是先決條件是：孩子要相信在你面前不會失去成人角色。你可能有時候覺得被排斥，幾乎要說：「我親愛的孩子去哪裡了？」

現實就是：他需要離開你。親子關係良好時，尤其困難。你瞭解孩子，他只要說一個字，你光是聽他的音調就知道他在想些什麼了。可是他必須離開你，成為獨立的個體，他不再只是你的孩子了。他需要自己的內在世界，發現自己的生命意義，遠離你強有力的影響。

不要懷疑你的重要性或力量。你的意見和你的支持永遠重要，尤其是對高度敏感的孩子而言。研究顯示，父親的角色在孩子進入成人世界時尤其重要。即使孩子好像不聽你的話，還是會受到你的影響。

和家人相處

◆隱私——準備離家

敏感青少年絕對需要隱私，需要有自己的房間，讓他們可以放鬆、思考自己的人生。這是他們可以掌控的空間，隨便他怎麼布置。你們可以達到共識，同意一些基本規則，例如多久清理一次、誰負責清理、在房間裡可以有什麼食物、不可以抽菸喝酒或嗑藥。如果犯規，可以一段時間不准他關上房門。

你可以讓孩子瞭解，在這個年紀，隱私是他需要掙來的特權。他不應該讓你擔心。雖然你應該先敲門再進他的房間，也不應該隨便翻他的抽屜，但是如果你敲門，他應該說：「請進。」「請等一下。」或是「我正在忙。」敲門是尊重他，不是取得他允許才能進去。

反過來說，如果孩子敲你的門，你不一定要讓他進來。他確實需要你的允許。這是家長的特權。這個態度可以讓孩子期待長大。這讓孩子瞭解，有自己的收入就可以擁有獨立和特權。許多高度敏感者會盡量拖延，不願意在經濟上獨立，因為看起來太難了。但是我們都知道，如果我們接受別人的經濟支助，我們就同時得接受別人的管理。天下沒有白吃的午餐。

◆盡量賦予責任

到了這個年紀，你應該開始讓孩子負責自己的生活：食物、衣服、睡眠、活動、功課。凱倫有兩個青春期的孩子：「如果他們不負責，我會提醒一次，然後就不管了。」結果就是不需要多囉唆，孩子會照顧自己。這不但是表示尊重，也是在提供機會讓孩子學習不負責任的自然後果。這會讓孩子盡早學會適應自我負責的成人生活。

負責任的能力需要學習，不但有用，而且可以帶來成就感。教孩子自己洗衣服、燙衣服、縫釦子、烹飪。每個星期三，我們三個人輪流做一頓大餐，用從來沒用過或自己發明的食譜。輪到我兒子做晚餐的時候，我們總是會吃到很奇特的食物。他現在很會做菜呢。

◆第一件工作、第一輛車

鼓勵高中生打工，讓他接觸現實世界，建立自信，知道自己可以養活自己。有了工作，就可能需要學開車、擁有自己的車。這些都是大事，不用操之過急，但是一旦孩子準備好就要鼓勵他嘗試。

中學的生存之道

從國中開始，孩子就會有許多不同的科目、不同的老師。學校非常吵鬧，壓力非常大，每個老師都有不同的學業要求。你可以允許孩子偶爾請個假在家休息，也可以建議他在學校幫自己找個安靜的空間，圖書館、樹下都好。

◆欲速則不達

高度敏感的凱塞琳念高一，口齒伶俐、成熟、外向、社交時很容易覺得厭倦、容易哭、不喜歡大的聲音、非常覺察別人的需要和感覺。因為早熟，她小學一年級被編到資優班，但是數學不強。

小學二年級時，媽媽幫她轉到一般班級。到了高中，凱塞琳被編到一個國際升學班——讓美國學生接受歐式教育的班級。她需要修七門大學程度的課，沒有假期，學期和學期之間也要上課。

凱塞琳跟得上課業，但是常常覺得很累、想哭。努力了這麼久，到了最後一年，她還是決定退出這個班級。她說：「我要當最好的學生、最好的女兒，什麼時候才能放下來？」有時候，唯一的方法就是停下來，回頭，退幾步，重新尋找合適的路。

珍奈也是如此，外向，但是只有幾個好朋友、喜歡獨處、比同年齡的孩子成熟。她的成績很好，國三被編到資優班。

每一年都益發困難。倒不是學業困難，而是課外活動太多。她什麼都做得很好，什麼都喜歡：「簡直沒時間呼吸了。」從高一開始，珍奈越來越退縮，她會盯著自己小時候的照片，想念著快樂時光，懷疑自己是否屬於這個世界。她不談這些，但是她母親鼓勵她寫出來。

高三時，學校輔導老師打電話通知珍奈的母親，說有一位同學覺得珍奈很不對勁。壓力太大了。珍奈開始做心理治療、服用抗憂鬱藥物。她現在念哥倫比亞大學，持續服用抗憂鬱藥物。

◆幫助孩子的學業

你需要讓孩子有最好的老師——喜歡這個孩子，可能也很敏感。老師的鼓勵會比其他任何事情都更能影響孩子。

一開始的時候，盡量協助孩子做功課，確定他有好好做、準時交作業。一旦事情上了軌道就要早早退出，讓孩子自己負起責任來。你的目標是讓孩子學會獨立、自我驅策，他做功課是為了自己的長期發展，不是因為有人叫他去做才去做。

到了這個年紀，這些孩子的衝突都來自內在了。他想做功課卻又不想做功課、想幫忙卻又不想幫忙。你可以協助他想清楚要不要做某件事情，例如說功課這件事情，你可以跟他談談疲倦、無聊、其他興趣、不做功課的人生後果。

◆大學之路從長計議

你需要盡早讓孩子獨立，因為你不會一直在他身邊。你希望他有自我管理的能力，在大學可以表現良好。當然，他會犯一些錯誤。還住在家裡的時候犯錯總比出門在外的時候犯錯來得好。

很不幸的，升大學的申請過程可不容許任何錯誤。從高中開始，成績紀錄就會永遠跟著他了。如果孩子忘記交作業，或是根本不肯寫作業，你只能盡量讓他看到自己的未來是什麼樣子。

兒子國三時，我跟他說：「我知道你不喜歡做功課。你不覺得這東西有什麼重要，你還有那麼多興趣和才華，但是這樣吧：我們會讓你去上大學，但是我們付不起好學校的全額學費。你必須有獎學金，所以成績必須很好。從現在開始，你的每一科成績都會有影響。你學的東西都會在入學考試中出現。我們會盡力幫助你——幫你打字、帶你去圖書館、幫你尋找資源、讓你去上各種課程、幫你跟刁難的老師講話。但是你必須自己決定要不要上大學。我們不會逼你，只會提醒你一次。」

然後我跟他說不上大學的後果：「你可能會做很無聊的工作，老闆可能不會讓你獨立作業，一輩子租房子住，開輛舊車子，很少度假，或是忙到沒時間休閒。」我繼續描述有了大學學位的生活，以及從最好的大學畢業的生活，加上：「如果你決定以後再回學校唸書，你可能會發現，一面讀書，一面賺錢養活自己很困難。」

沒錯，對於高度敏感者而言，這番話很沈重。但是如果他有力氣跟我們爭論要不要做功課，他就有力氣聽這番訓話。

現在有很多專業人員協助高中生選擇申請合適的大學。讓孩子看到現實，然後讓他們自己決定。對於高度敏感者，這樣就夠了。雖然他們很會思考，卻不一定真正知道後果如何，除非你清楚的跟他們說。

一流大學之外的選擇

不是每個孩子都一定要上大學。許多人不上大學。有些人高中畢業之後先工作，隔一年才上大學，或是多花一兩年畢業。這都沒問題。

如果要上大學，我比較建議上小型私立學校，或是離家近的大學，比較容易適應。小學校的老師比較會注意到學生是否在學業上、社交上、情緒上需要協助。

社交生活

青春期的社交生活非常活躍。課外活動特別多，社團、幫派、夏令營、球隊、樂隊、校刊……等等。

◆量力而為

高度敏感者必須在過多和過少活動之間取得平衡。他會感到很大的壓力，想跟別人一樣，參加很多活動。

許多家長會限制孩子的社交活動。一開始確實需要給他們限制，但是我們希望孩子經由嘗試錯誤得到經驗，自己明白平衡的重要。高度敏感者喜歡幫助別人，需要學習設出界限。不管是傷心的朋友或是社會公益，高度敏感的青少年都需要學習不要過度承擔別人的問題。他們必須學習什麼是他的責任，什麼不是。你可以跟他討論。如果他這樣幫忙會有什麼後果，那樣幫忙會有什麼後果，或是根本不幫忙又會怎樣。然後讓他決定。

◆處理受傷

青少年情感特別容易受傷。當青少年的生理、心智都快速成長，又一直跟別人比較時，就可能發生。高度敏感者比一般人更能覺察自己的缺點，他們可能比較成熟，或假裝比較成熟，因此顯得比較不受青少年文化影響。但是他們還是非常脆弱的。

有什麼辦法嗎？幫助最大的就是興趣和校外朋友，培養嗜好、當義工、養寵物、參加野外活動、有同好的朋友。相親相愛的家庭支持非常有幫助。宗教信仰也可以幫上忙。換言之，他需要其他的圈子來稀釋學校的痛苦經驗。

幸運的是，隨著時間流逝，高中生活似乎會越來越好。到後來，與眾不同會變成優勢。這些孩子彼此聚集，成為朋友。他們往往在美術課、戲劇課或電腦課相識，或是參加校外學術競賽，成為得獎明星。他們開始以自己的特色發亮、贏得尊敬。你需要瞭解學校有些什麼機會可以讓孩子嘗試。

我的兒子高中時和朋友發行了一份異議校刊，很快就被查禁了。這使得同學更加有興趣，在學校對街跟他索取報紙看。進了大學他又發行了一份報紙，什麼文章都刊登，條件是一定要得罪某些人才行，而且要幽默。年輕的高度敏感者具有獨特的幽默感，加上這個年紀特有的英雄主義、大膽、自信，可以讓敏感成為一項資產。

◆社交生活與性行為——二者緊密相連

討論這個年紀的社交生活就不能不談到兩性關係。忽然間，男孩女孩不再單獨玩或和一群人玩，他們想要兩個人約會。約會由打情罵俏開始。

高度敏感的青少年可以覺察到自己的性能量，想要做正常的、大家期待或接受的事情。但是從一開始他們就知道，隨便的性行為不是他們真正要的。除非對方是很熟悉、很信任、很成熟的人，否則，對高度敏感者而言，性行為實在太可怕、太刺激、太令人承受不起了。

從國一開始，我就知道自己無法處理兩性之間的遊戲。我的策略，也是其他許多敏感青少年的策略，就是找一個男孩子，跟他年復一年的在一起。這樣一來，我完全不用競爭、不用約會。我們兩個都很敏感、很害羞，慢慢的探索我們之間的關係。我母親努力拆散我們，希望我有一個正常的青春期，約會、參加派對、認識許多男孩，我就是不肯。

敏感的青少年也需要處理自我形象的問題，我長得怎樣？身材如何？照鏡子的時候，敏感青少年可能特別苛刻，以為別人跟他們一樣的挑剔。在這個年紀，朋友可能一夕之間變成競爭對手或敵人。八卦、背叛、謊言，讓高度敏感的青少年特別容易受傷，他們希望自己能夠不在乎，但是他們就是會在乎。

身為家長，你能夠做些什麼？你可以協助孩子在其他方面獲得自信，稀釋掉兩性關係的壓力。寫作、藝術、電腦、科學、有趣的工作、做義工、個人運動項目都可以。你也可以鼓勵他找一些氣質相近的人，在無關兩性交往的情境下互動。

至於兩性關係本身，鼓勵孩子用自己的速度探索。告訴他，他可以用自己的標準，不需要跟著大家起舞。這無關道德，而是自在，信任自己的直覺。

有些青少年為了融入，小小年紀就迫不及待的發生性關係，但是後來都後悔了。還好沒有造成無可彌補的遺憾。似乎，有些時候就是需要走過、經驗過，才會學到教訓。

孩子可能覺察到自己的性能量，卻不一定擁有足夠知識。他可能不好意思跟你討論，尤其是如果你會不自在的話。你，或是其他人，必須主動提起，知無不言、言無不盡的告訴孩子。你可以與孩子分享自己犯過的錯誤和學到的教訓。

雖然高度敏感者會思考性行為的後果，他們可能並不真正明白，除非你清清楚楚的告訴他。性病、懷孕都是非常重大的生命經驗，不容輕忽。讓孩子瞭解未婚懷孕的後果，正反面都要說。記得要提供資訊，避免說教。

◆如果孩子缺乏社交生活

另一個問題是鼓勵高度敏感孩子進入社交世界與人互動。如果他至少有一個朋友，偶爾會出門去，我就不擔心。

問題是，敏感的男孩子常常會沉溺在網路的虛擬世界中。

做為現代人，我們無法避免網路世界。熟悉網路絕對是一件有利的事情。但是網路無法取代真正的人際互動。在網路上，面對真人的情緒壓力消失了，人際關係顯得異常容易。在班上發言、跟異性面對面說話、與人對立爭論都是完全不同的另一回事。真實生活才能磨練一個人。

你可以讓孩子明白，如果沒有足夠的社交技巧和人生經驗，進入成人世界會多麼困難。然後你們可以一起設定計畫，戒除網路成癮。你可能會很訝異的發現，打破網路成癮症有多難，孩子的恐懼有多強，只能一次採取一小步。如果有個好朋友可以一起參加活動會讓事情容易很多。

請記得：威權式的處理，例如沒收電腦，可能沒有用。他在外面很容易上網，或者他可以乾脆離家出走。你可以跟他談、耐心等待他，但是不要逼他。必須在雙方的共識下努力。

孩子參加的活動、交的朋友可能不是一般青少年會喜歡的活動或朋友。他可能喜歡在公園玩角色扮演、跟一個中年人學攝影、爬山。記得：你如果想要個獨特的孩子，你必須願意有個獨特的孩子。

內在生命

有些青少年缺乏社交生活是因為他們擁有非常忙碌的內在生命。這沒什麼不好，然而，外在和內在生活還是需要達到平衡。

許多高度敏感者從小就有神祕經驗。即使沒有宗教訓練，他們也可能祈禱，感受精神昇華的境界。如果孩子缺乏宗教、身心靈、神祕經驗的文字分享，他可能會不知所措。

我們無法預料誰會忽然被宗教席捲而去。家長可能難以接受孩子如此熱中宗教。最好的預防辦法就是讓孩子接觸態度開放的討論。陌生的宗教、儀式、老師、想法總是看起來比較有吸引力。現代社會充滿了各種宗教思想，像是自助餐似的任人取用。我們需要跟孩子討論每一道菜色的營養價值，要客觀，不要有偏見。比較宗教之間的特質，你可以讓孩子明白，各個宗教之間，雖然殊途同歸，但是家庭和個人成長背景熟悉的宗教自有其優點。你一定要保持開放的態度，孩子才會肯跟你討論他的想法和經驗。

不論孩子如何表達他的敏感，我相信這會是他最美好的一面，一旦趨於成熟，將會對世界做出最大的貢獻。

進入青年人生

人生最困難的轉變可能就是離開家獨立生活了。對於高度敏感者，任何轉變都很困難，何況是這麼大的轉變。如果孩子一時無法做到，不要覺得奇怪。

第一次離家可能是高中畢業或是大學畢業時。上大學可能看起來是很大的轉變，不管你事前如何做準備，高度敏感者還是可能念到一半就休學了。盡量讓休學這件事看起來像個好主意，而不是失敗或恥辱。讓孩子回家，念當地的大學，甚至念社區大學也可以，鼓勵他找個工作。最低工資的工作往往可以讓孩子下定決心回去念個正式學位。

在這個年紀，高度敏感者的發展往往比一般人慢，他們比較晚才找到事業方向。許多敏感女性會比一般女性早婚，但是直到更晚才會找到合適的伴侶——離婚之後。比別人慢一步的原因很多。在這個世界裡，他們是少數人，世界比較適合不那麼敏感的人，因此，他們還在建立自信。他們會做出一般人會做的選擇，然後放棄，再做其他嘗試。接著，他們會逃避做決定，因為他們開始看到這些決定的後果。

你能夠做什麼呢？傾聽、傾聽、傾聽。

◆當孩子詢問你的意見時

如果孩子問你這方面的意見，你必須平衡過度保護和鼓勵嘗試的兩種衝突心態。協助別人做決定時，我總是強調過程——協助他看清楚相關議題和他的感覺——而不是我認為他應該怎麼做。你的目標不只是協助孩子做出正確決定，也是協助孩子學習如何做決定。一個好的決定需要蒐集足夠相關資訊、詢問比較有經驗的人、花些時間消化這些資訊、嘗試一兩個可能性，看看結果如何，然後勇敢前行。

◆縮減計畫

如果你覺得孩子需要量力而為呢？例如說，他想應徵好幾個離家很遠的工作。工作環境極為競爭、壓力很大，你認為他有些自不量力。但是你也不想掃他的興。怎麼辦？

1.提出問題。看他有沒有想到可能有的問題。你可能很意外的發現，他其實什麼都想過了。如果你看到一些他沒有看到的問題，溫和的提出來。

2.一起列出優點與缺點。從他的角度看。

3.建議他一步一步來。例如先在家附近找個相似的工作。

4.討論你的擔心，承認這只是你的擔心。「我擔心你在那麼困難的環境裡會不開心。」「你離家那麼遠，我會想你，也怕你會想我們。」

5.如果他堅持要這麼做，討論一下如果行不通，他可以怎麼辦。如果有個備用的下台階，你們可能都會覺得比較安心。

◆擴增計畫

如果孩子似乎打算一輩子住在家裡呢？協助孩子搬出去獨立生活是一件很微妙的任務。你不想顯得無情。你一定要從他的角度想，你說的話都是為他做打算，而不是你自己的需要，也不是因為別的孩子都怎樣怎樣。

年輕人的人生就是充滿實驗性，冒險、犯錯，然後才穩定下來。我們可以活得毫無遺憾，也可以活得充滿遺憾。你只需要跟孩子指出後果，他就會明白了。

換個角度想，如果孩子就是想追求內在世界，或是探索住家附近的世界，有何不可？試著從孩子的角度去看，接受人就是有很多不同的樣貌。

1. 首先，確定孩子需要你給他壓力。給他一些時間，高度敏感者需要比較多的時間踏出這一步。

2. 找人輔導。如果孩子情緒上有困難，找諮商師輔導他，或是找其他具有相似氣質的成人。這個人可以協助孩子跨越成人的門檻。家長不容易扮演好這個角色，因為家長正代表了家庭和童年。

3. 嘗試舉行儀式性的成年禮。很多傳統文化都有成年禮。高中畢業典禮多少有些作用，但是可能不夠。有時候，青少年會自己發明一些儀式，像是爬山，或是學個奇特的、具有挑戰的新技巧。注意他是否做些不尋常的事情做為自己的成年儀式，試著鼓勵他。如果孩子還不敢離家獨立，卻想出門旅行，也要鼓勵他，他是在嘗試階段性的獨立。

4. 溫和的和他談談，看看孩子是否也在擔心。他是否擔心自己永遠也無法離開家自立？還是他根本不在乎？如果他害怕，你就要減少他的羞恥感和過度刺激的程度，一起做出按部就班的計畫來。如果他就是不想自立，可是你希望他自立，你可以跟他討論，如果他不獨立，五年後、十年後、二十年後，他的人生會如何受到影響。最後，跟他討論你的感覺。不要針對個人，而是在你這個人生階段，你需要安靜（或任何誠實的理由）。如果你並不在意他住在家裡，但是希望他出錢出力維持家用，就直接跟他討論他可以如何貢獻自己的力量。

5. 做出按部就班的計畫。孩子住哪裡？如何養活自己？自立的感覺會如何？鼓勵他一步一步分段達成，不用一步登天忽然就完全獨立。一開始，他可以和朋友合租房子，住在附近。他可以先找個兼職工作。一旦自己住、自己賺錢，就可能在情感上獨立了。你總是可以提供支持、和他談話、相聚。

你自己的成長任務

最後，我要與你分享我生兒子時，一位朋友跟我說的話。她說，從孩子離開娘胎開始，母親的任務就是不斷的放手，也幫助孩子放手。「很多家長做不到，他們總是把孩子視為自己的延伸，把孩子當做自己，只是年紀比較小、比較脆弱、比較依賴。孩子不喜歡這樣，他們會因此和家長距離更遠，而不是更近。」

所有的家長都必須學習接受孩子的改變。高度敏感者的家長尤其需要以身教示範如何優雅的接受轉變，孩子才能效法他們，避免不成熟所造成的傷害。許多高度敏感者終生保持一顆幼稚的心，不願意接受成長帶來的變化。他們將所有的改變視為失落，所有的失落視為哀傷。改變意味著可能有的危險。為什麼要冒這個險呢？高度敏感者一點也不喜歡冒險。家長也不喜歡冒險。但是我們必須教導孩子如何長大、勇敢前行。

放手並不是不關心、不聯絡、不愛彼此。正好相反，真正的愛只能夠發生在兩個獨立的人之間，無法發生在渾然一體的兩個人之間。如果你無法放手，讓孩子成為自己，孩子就無法真正愛你。

等到孩子大約三十歲，你會得到一個真正的好朋友。就像任何友誼，你需要保持良好界限和尊重。你還清晰記得這個成人小時候的模樣，吃奶的小寶寶、學步的娃娃、全心愛著你的五歲孩子，但是他不會記得這些。如果你希望跟他保有健康強壯的關係，你們就必須有共同的興趣。你需要一直關心、瞭解孩子的事業及興趣。當然，還要愛他的家人和孩子。如果孫子也是高度敏感兒童，哈！你已經很清楚要怎麼辦了。

後記

譯者：殷于涵

歡迎各位。你和《孩子，你的敏感我都懂》一書的偶然相遇，此刻正是時候。儘管我並不認為這本書打從英文版首次問世之後，有任何需要修訂的地方，但還是需要以這篇〈後記〉告知各位，這幾年來關於高度敏感的課題方面豐碩的科學研究成果。這些資訊，對於身為高度敏感兒童（HSC）家長的各位，將大有助益。原先在這本書中針對如何養育敏感兒童所提出的建議，並沒有任何異動。不過，它的確為這項已有確切事實根據的性格特質——也就是你的孩子之所以不同凡響的行事作風，提供更多的信心。

同樣重要的是，接下來這幾頁，或許可以幫助你將這項確實存在的特質，向你的那些心存懷疑、不明就裡的親戚、另一半、兒童照顧工作者、健康照護提供者、老師（如此舉足輕重）、甚至包括與你共同擁有親權的前配偶，細說分明。當你提出了孩子是高度敏感的這種觀念，說起你的見解，認為這是種常見的差異，你想要彰顯它，這時，對孩子付出最多關心的那些人，往往也是最擔心你受到誤導或者在過度保護你的孩子的那些人。這篇文章或許能夠幫助你平復他們的害怕不安。你可以考慮將這篇內容給他們讀一讀，即便無法讀一整本書，只讀這篇文章即可。我會試著簡單扼要說明。

早期研究

我在第1章裡敘述了截至二〇〇二年為止的學術研究：我對高度敏感的研究是如何開始的、起初和成年人的面談、發展針對成年人測量方式的歷程、向數百位對象施測，並且將高度敏感和其他相關特質例如內向區分開來。我們發現事實上，高度敏感者（HSPs）當中，即使有70%的成年人是內向的，卻還是有30%的人是外向的，第1章解釋了個中原因為何。在書裡，我也解釋過，我並不是發現一項新的特質，而是發現了一項一直被誤稱的特質，它之所以被誤稱是因為，關於內在氣質的早期研究，都把焦點放在可觀察的單一行為上，就像是，在進入到一個新環境之前經常只會定住裹足不前，於是將這項特質稱之為害羞、內向、慢熟，或者簡單稱之為害怕。儘管敏感的孩子在面臨這樣的處境時，可能會有害羞、內向、害怕等等舉措，但這些描述並沒有捕捉到這項特質的潛在精髓，光從某個行為通常無法見其全貌。後來也許出現了一個較合適的用語來定義它，然而高度敏感的基因並不是跟著它的標籤一起出現的，不過我用了「高度敏感」一詞，目的是為了掌握它的真義。（如同我在第1章所解釋的，在科學文獻中它被稱為「感官處理的敏感度」〔sensory processing sensitivity

〕，不致與「感官處理失調」〔Sensory Processing Disorder〕或者「感覺統合失調」〔Sensory Integration Disorder〕產生混淆。）

各位會在書裡看到，開頭的第1章同時也敘述了我當時是如何發展出「你的孩子是不是高度敏感？」這份家長問卷，運用的方法和成人問卷相同，不過，其中許多問題的設計，是藉著和家長面談，及向超過上百位其他家長施測發展出來的。接著，這些問題經過一再推敲斟酌，直到成為符合高度敏感的測量工具，也就是說，如果家長覺得某個問題的確描述到孩子的特質，也很可能會對其他問題點頭稱是。

如同成人問卷一樣，家長問卷的項目之多樣化出乎意料，從：容易受到驚嚇、厭惡粗糙扎人的衣服，到：使用艱深冷僻的難字、會注意到別人的心情欠佳等等。而如此多樣化是因為這些問題必須是家長會注意到的行為項目，卻也要基於理解到這項較深層的特質是超出各式各樣的表面行為，據以理解所有的行為背後潛在的理由是什麼。

以下四大面向是不是在形容你家的孩子？

我現在以四大面向解釋這項潛在特質，也就是說，四大面向全部都會在一位高度敏感者身上呈現出來。如果沒有全然包括這四大面向的話，很可能就不算在我談論的這項特質範圍內了。你可以將這四大面向用DOES來記：處理深入（depth of processing）、容易被過度刺激（easily overstimulated）、情緒化反應與同理心（emotionally reactive and empathy），以及注意到細微的刺激（aware of Subtle Stimuli）；我將在本文中大致介紹一下近期的研究，為DOES 這四大面向逐一提供佐證。

◆處理深入（D）

雖然容易被過度刺激、注意到枝微末節的小事，可能是大多數父母親最開始注意到孩子高度敏感的點，但其實處理深入才是真正潛在的根本特質。這種鉅細靡遺的處理或者深思熟慮的傾向，事實上也是在無意識的情況下發生，但會反映在孩子的行為上——例如：問深刻的問題；僅在聽過一兩次之後就使用超齡的困難字；機智的幽默感；因為考慮太多可能性而難以下決定；面對陌生人和新環境顯得「慢熟」，因為在加入之前必須觀察並且考慮再三等等。如同我在書中強調的，並非每個孩子都會全盤表現出這些情況，不過，所有的孩子都會展現出這種對於人事物深入思考的若干跡象。確實，無論敏感的孩子或者任何孩童，都會因為發自內心的恐懼害怕（相對於適度合理的小心謹慎來說）而顯得「慢熟」，但是，在當下的情境裡一定有些蛛絲馬跡，讓孩子聯想起過往的某個負面經驗。我嚴正懷疑，孩童生來是不辨什麼恐懼或害羞的，這樣的特質存在於人類的基因庫裡大概還不是那麼源遠流長。

關於高度敏感的處理深入這個面向，有相當多的新證據。賈傑洛維茲（Jadzia Jagiellowicz

）及其同事運用功能性磁振造影（fMRI）所做的有關成年人大腦活動的研究發現，當高度敏感者嘗試在兩張差異微小的照片裡找不同時，比起非高度敏感者，他們執行任務的大腦區域會表現出更活躍的活動——考慮的不僅止於表面看到的而已，還有知覺方面的複雜性和種種細節。也就是說，他們利用更多大腦中牽涉到「更深入」或更複雜處理的相關部位。

在我們自己和其他人所做的另一個研究當中，分別就生長在亞洲或美國的敏感者和非敏感者，比較分析他們如何處理已知困難程度不同的知覺任務——亦即，需要花掉多少大腦活動或力氣——而這些任務的困難度是取決於所處的文化為何，是像在亞洲那樣較講究集體性，或者，在美國那樣較注重個人主義。非敏感者在執行和他們同樣文化背景的人們普遍覺得難度較高的知覺任務時，大腦跟平常一樣會花到額外的力氣；然而，無論是生長在亞洲或美國的敏感者，並未顯示出有花上任何多餘的力氣。這似乎在說明，敏感者的眼界可以穿越他們的文化期待（cultural expectations），到達事物「真相究竟為何」的一種較深入的層次。

阿塞維多（Bianca Acevedo）所做的研究，是讓敏感者和非敏感者進行一項任務，要他們去看陌生人的照片和他們喜歡的人的照片。結果發現，和前述賈傑洛維茲的研究一樣，高度敏感者的知覺處理更為複雜，並且在腦島（insula）這個區域，比起其他非敏感者，高度敏感者有更活躍的大腦活動。腦島，有時被稱為意識的所在，因為它整合了每個片刻的內在狀態和情緒的知識、身體姿態以及種種外在事件，產生我們當下的覺知。如果你的高度敏感兒童比較容易注意周遭裡裡外外發生的事情，百分之百正是大腦的這個區域在那些時刻特別地活躍。

◆容易被過度刺激（O）

一個人如果比較注意周遭裡裡外外的任何大小事，再加上滴水不漏地處理，勢必幾乎耗盡心力，因此身體方面（畢竟大腦屬於身體的一部分）也會比其他人更容易筋疲力竭。對於所有的小孩來說，時時刻刻都有許多新奇感受；隨著他們的成長，我們也刻意謹慎地讓他們認識新的人事物，以致他們常常處於過度刺激、疲累、沮喪難過的狀態。儘管如此，在高度敏感兒童的身上，較真實的情況則是，他們天生對於新事物的注意與思考就比其他孩童要來得多。因此，容易被過度刺激，是處理深入的一種即使不樂見卻自然形成的副作用。

我大概不需要形容被過度刺激的孩子會是什麼模樣，每天你都看得到。例如：對於過度刺激的戶外教學、甚至「玩樂的」日子或假期，他那出人意料令人心煩的崩潰；在興奮的一天過後，難以入睡或在晚上夢遊；對變化或疼痛表現出如此極端的反應。大聲的噪音讓他們看起來像是身體受傷一般。他們抱怨冷、抱怨熱、抱怨卡在鞋子裡的小石子、或者溼漉漉或粗糙扎人的衣服。你吸取了教訓，瞭解到他們需要額外的「停機時間」，或安靜地玩遊戲。他們不喜歡有意外驚喜的派對，並且為避免受到過度刺激，會逃避所有的派對、團隊運動，或者在班上發表意見。比方在學校、在一場音樂會，或者「場面盛大的比賽」，當他們擅長的某件事情在眾目睽睽之下或接受測驗的時候，表現得遠不如平常，這時你就有得受了。因此，我希望你注意到，比起使用嚴厲、過度刺激的懲罰方式，他們從溫和的指正當中能學習得更好。簡單地說，在被過度刺激的情況下，沒人能夠感覺好受、表現良好或者學得更多，但是，那樣失常的狀態在高度敏感兒童的身上，卻來得更快。

至於高度敏感者更容易受到過度刺激的實驗證據方面，德國的格斯滕伯格（Friederike Gerstenberg）用一種巧妙的知覺任務對敏感者和非敏感者進行比較。這項知覺任務是判斷電腦螢幕上以多方向旋轉的一堆字母L當中，是否隱藏了同樣以多方向旋轉的一個字母T。高度敏感者做起來不僅迅速又正確，完成任務之後，也比其他非敏感者處於更緊繃的狀態。這究竟是知覺努力的成果、或者情緒的效應使然？無論理由是什麼，他們在完成任務後，持續好一段時間感到緊張難以放鬆。就像金屬承受過度負荷時，會產生應力一般，高度敏感者的情況也是如此。

我目前正在進行的針對高度敏感父母的研究當中，他們描述到，父母親的角色，還有打從當爸媽的那一刻開始，即便只是陌生人因為他們懷孕了前來攀談，還有伴隨親職而來的林林總總社交活動，都讓他們感到過度刺激。華赫斯（Theodore Wachs）發現，在家庭往來（home traffic）與解組（disorganization）程度相同的前提之下，同樣身為母親，在高度敏感者量表上得分較高的母親，比起非敏感者，更傾向於認為自己家裡雜亂無章。

不過，**在多數情況下**，高度敏感，並不是在講關於被高分貝噪音吵得很難受、房間零亂不堪或者接連不斷的變化這種種事情。所謂的不適感本身，若排除高度敏感特質的其他面向，有可能是因為感官處理歷程出現**問題**的異常徵兆，而不是有什麼極度**複雜或深刻的**感官處理歷程。舉例來說，自閉症類群障礙症患者有時候會抱怨感覺超過負荷，但在其他時候，他們卻未必會做出該有的反應。就好像是他們難以辨認該注意什麼、要過濾什麼資訊，也因此當他們在跟別人交談的時候，也許會覺得臉部表情沒有比鞋子重要，而高度敏感兒童倒是會特別注意臉部表情和其他的社交線索。如果一個孩子完全沒辦法揀選出什麼才是重點，他理所當然覺得被刺激完全淹沒。那些自閉症類群障礙症患者或許會更容易覺察到他們關注的某個東西的細節，但在社交情境裡，他們特別注意的往往是毫不相干的東西。

◆情緒化反應與同理心（E）

情緒化反應也和處理深入密切相關，理由在於情緒告訴我們要注意什麼、從哪裡學習，以及必要時記下來。沒有情緒作為激勵因子的話，就沒有任何東西會被處理到足以記住。這就是為什麼學習一種新語言，在使用這個語言的地方學習會比較容易的部分原因。我們在當地不僅會一直聽到這種語言，也真的想要用它跟周圍的人們交談。孩童想要記住如何保暖、盡力理解媽媽的笑容、說服爸爸給一塊餅乾，或者得到好成績，還有，記住如何避免燒到手指、避開正在生氣的爸媽，或者避免拿到壞成績。敏感的孩子因為對各種人事物更加關心，所以這些生活課題上觀察學習得更好。在社交情境當中，他們自然而然採取的一種方式就是藉由同理心，亦即，瞭解別人知道的是什麼，感受別人感覺的是什麼。同理心結合較強烈的情緒就成為同情心（compassion）。

當你的孩子對任何事物感受如此深刻、愛哭，「讀懂你的心」，是個完美主義者，犯點小錯就反應強烈，或者注意到別人正在煩惱或受苦，這些別人包括學校的朋友、家庭成員、陌生人，有時候還包括動物（特別是當她得知羊咩咩變成了羊排，或者小北極熊正因為全球暖化而溺斃），身為高度敏感兒童的家長，你很清楚這些就是情緒上的相互回應和同理心。

我們從問卷研究和實驗已然得知，高度敏感者聲稱，他們不管對於正面或負面經驗的反應都比較大。不過，由賈傑洛維茲所做的一系列實驗和大腦活化研究發現，和其他非高度敏感者相比，高度敏感者對於令人愉悅的照片（例如小狗、小貓和生日蛋糕）還有令人不舒服的照片（例如蛇和蜘蛛）格外有反應，但是，他們對於那些令人愉悅的照片又更有反應，特別是當他們如果曾經擁有快樂的童年——我們待會兒會回到這一系列的研究結果。這種對正向照片的反應，不僅存在於和強烈情緒的原始經驗相關的腦部區域，而且也存在於跟思考和知覺相關的「較高層」的區域，甚至某些區域就和先前提及關於處理深入的研究裡所發現的那些區域落在相同位置。

字母E同時也是代表著同理心。在先前提到過阿塞維多關於大腦的研究裡，其中，高度敏感者和非高度敏感者看著陌生人的照片、還有心儀伴侶的照片，照片中有的表現喜悅、有的表現悲傷、有的是不帶任何喜怒哀樂，至此，你會回想起高度敏感者在腦島顯現出較活躍的大腦活動，這個區域和意識本身有關。在所有案例當中，這個現象確實存在，不過，當他們注視著伴侶的照片當中有表現出情緒的臉時，無論照片中伴侶的表情是快樂或悲傷，他們的腦島都顯示較活躍的現象，更是準確無疑。那似乎是個指標，顯示出在那些時刻，他們的覺察能力特別高漲，一如我們預期，他們注視這些照片時會感覺到最極端的情緒。

比起其他人，高度敏感者的鏡像神經元也顯現出更多的活動，特別是當他們注視著心儀伴侶快樂或悲傷的表情，還有陌生人的快樂表情——這是他們對情緒反應及正向影像特別敏感的另一個有力證據。大腦鏡像神經元的發現，不過是這二十年左右而已。當我們注視著某人做某事或感受什麼的時候，這些神經元一經活化，連鎖效應一發不可收拾，其結果是，我們彷彿就像自己在做同樣的事或者感同身受一般。舉例而言，無論我們是真的在踢足球、看別人踢，或者聽到踢球的聲音，甚至光聽到或說出「踢」這個字，相同的這些神經元，都會活化起來。如果情況不允許我們真的這樣做，那麼，其他的神經元就會抑制我們不去做別人正在做的事情，但是或許不會完全成功。如果你曾在觀賞一位運動員或舞者做出某種激烈或令人振奮的動作時，感覺到你自己的肌肉也跟著抽動，這就是你的鏡像神經元在作用。

這些令人驚奇的神經元，不僅幫助我們經由模仿而學習，同時透過這個研究當中的高度敏感者特別活躍的大腦其他部分，鏡像神經元也幫助我們深入瞭解他人在計畫什麼或感覺什麼。也就是說，大腦的這些特殊區域產生了同理心。藉由同理心，我們不只從文字話語和其他線索得知他人如何感受，我們自己同時也在某種程度上真切地感受到他人的感受。此外，要再次強調，高度敏感者的大腦活動在這些產生同理心的區域比非高度敏感者更活躍。無怪乎你家的高度敏感兒童很容易被殘酷行為或者不公不義影響而感到驚愕沮喪。

◆注意到細微的刺激（S）

注意到細微的聲音、氣味、細節等等，諸如此類，理所當然統統都算是高度敏感的一部分。有些人擁有一項高度發展的感官，但是，再次強調，大多數情況這並不是感覺器官比較敏銳，而是思考和感受的較高處理層次會注意並做出細微區別，這使得要區隔「注意到細微的刺激」以及「處理深入」有些困難。儘管如此，家長很清楚他們的高度敏感孩子注意到細微刺激是什麼樣的狀況：當孩子居然注意到別人的外表或某個地方有極細微變化的時候；當某件傢俱被移動或被清走的時候；當有個「怪怪的」味道飄出來讓他們拒絕進到某個場所的時候；當遠處傳來鳥叫聲或飛機引擎聲的時候；或者，當他們再大一點，對某件藝術品彷彿比其他孩子看得更深入的時候。某個音調、某個眼色、一聲斥責或者一點點帶有鼓勵的暗示，他們都會覺察到。對細節的敏感度，幫助了他們在運動、藝術和學校的表現，包括意會到老師心裡在想什麼。當然，孩子如果處在壓力底下或受到過度刺激而疲乏的時候，這樣敏銳的覺察力會一下子突然消失。那是所有神經系統的天性，它有可能會超過負荷。

至於在這一點上的研究當然有，是在大腦活動方面的，特別是前述的第一個例子，受試者在研究中得從許多照片裡找尋細微的差別和明顯的不同，在那些情況下，高度敏感者的大腦比起非高度敏感者的大腦要來得活躍許多。另一個例子則是文化方面的研究，其中，覺察到細微差別的容易與否，在高度敏感者身上不會受到文化的影響，但非高度敏感者卻會。我也曾經談到一個德國研究，高度敏感者和非高度敏感者必須在一堆朝不同方向旋轉的字母L裡頭挑出一個朝不同方向旋轉的字母T。高度敏感者做得更迅速也更準確。

不論好壞甘苦

如果你正在讀這本書，你可能非常關心你的高度敏感孩子，也可能早已是非常稱職的父母，所以我並不樂見你對我接下來要說的事情產生過分擔憂，而是要從中得到鼓勵，你可以在孩子的身上發揮如此正向的影響。在我們早期的研究中發現，高度敏感者可能比較容易不快樂，也比較容易擔憂。我懷疑這種傾向是否跟個人歷史有關，因為個性敏感的人在年輕時特別容易受壓力影響，我們的發現也確實如此。曾在各式不同測量中陳述童年並不快樂的高度敏感者，比起同樣有著類似不愉快童年的非高度敏感者，更顯得容易沮喪、焦慮、羞怯。儘管如此，如果能擁有足夠愉快的童年，他們就會跟其他人一樣，說不定還比其他人更快樂。也就是說，如同你待會兒將看到的，高度敏感兒童能夠從優質的親職教養和教學當中比其他孩童獲益更多。

童年在高度敏感成人身上產生更重大的影響，是我當初寫這本書的主要動機。在童年時避免問題發生，比起在成年後再努力治療，要來得容易多了。看起來，高度敏感者似乎是特別脆弱易感的。然而，將這一點突顯出來的一些研究對此還闡述更多，我在我的書中甚至也提過少數幾個研究，但那時還沒完全掌握到它們的重要性。舉例而言，我在書中提到博伊斯（W. Thomas Boyce）及其同事在一九九五年發現，「高度反應」（highly reactive）的兒童處在壓力大的環境裡更容易生病、受傷，但是，如果待在壓力相對小的家中和教室裡，比起其他孩子，他們反而較少生病、受傷。

儘管如此，自從寫了這本書到現在，「差別感受性」（differential susceptibility）已然成為在兒童發展領域的熱門研究題目，在這方面貝爾斯基和普魯斯（Jay Belsky and Michael Pluess）首開先河指出，只考慮伴隨敏感性格而來的脆弱易感，是狹隘的誤解。高度敏感兒童，往往被他人形容是高度反應的、肢體容易緊張的、行為害羞、拘謹，或有著和憂鬱或焦慮相關的基因，但是，當他們被放在良好的環境當中，像是高品質的幼托機構，結果都顯示比其他孩子做得**更好**。就「做得更好」或「獲益更多」而言，我指的是每件事情：從學校成績、品行態度到社交能力、自我調控和被愛的安全感。如果母親特別積極正向、給予養分，如果家長學到特別的親職技巧，如果小女孩經過教導學會如何處理沮喪，或者，如果孩子能從孤兒院轉到對養育照顧技巧駕輕就熟的機構，這些所謂「脆弱易感」或「敏感」的兒童永遠都是受益最多的那一群；比起其他孩子，他們在環境裡似乎更容易近朱者赤、近墨者黑。

對於敏感兒童，普魯斯把焦點特別集中在結果終會往正向走的這一面，稱之為「優勢敏感性」（Vantage Sensitivity，指出敏感性是一種全面的優勢）。關於這種「優勢」的一個解釋方式也許是說，高度敏感者對於正向的影像或者表達正向情緒的臉部照片有特別強烈的反應。一般而言，人類對於威脅可能會有稍大的反應，在這個前提之下，這樣正向積極的傾向，或許幫助高度敏感兒童比其他人更專注於且更受益於他們周圍正向的人事物，例如：愛、照料、好的忠告、美麗的藝術品、有趣的資訊以及所有其他的一切。

普魯斯甚至將優勢敏感性和彈性（resilience）的概念相比，其理由在於，適應力強的人也是那些比較不受壞的事情影響的人，但他們或許也因此必須得要比較不受好的事情影響，以致於他們可能帶著「優勢抵抗」（vantage resistant）的特質。如果你聽多了意有所指說你的高度敏感孩子缺乏彈性，你可以把上述這些解釋記在心裡。

這方面非常大量的研究結果並不是說你家的高度敏感兒童某種意義上終究可以發展得比其他人更好，就好像把生活比擬成一場大型賽馬會，你可以操縱讓他們勝率比較大（雖然當下這對你們之中尤其是特別擔心家裡的高度敏感孩子的一些人而言，或許也是個很棒的驚喜），而是把重點擺在你可以讓孩子發揮所長，無論那是什麼，你做起來會比別的父母帶其他非敏感孩子來得容易辦到。跟其他小孩相比，你的高度敏感兒童隨時隨地都在對你提供的一切做出回應，你也必須提供任何對他們有幫助且有智慧的東西。

遺傳上的證據

我在第2章曾經引用關於「差別感受性」這方面較早期的研究之一，那是由蘇奧米（Stephen Suomi）所提出，當時他已經觀察到，有一小群恆河猴生來就帶有某種特殊的遺傳變異，會令牠們因為容易受到壓力影響的緣故而變得「緊張兮兮」。不過，如果一出生就把牠們交給最熟練的養母，慈母般的良好照顧會讓牠們日後能力很強，往往成為所屬群體當中的領袖。當年由於我沒有任何證據證明高度敏感者具有像這樣的變異情形，所以並未寫到關於這些行為背後的遺傳變異，但現在我已經找到了證據。

事實證明，恆河猴和人類共有的某種正常遺傳變異就在於牠們大腦裡有多少可用的血清素（譯註：神經傳導物質）。「緊張兮兮」的恆河猴和「緊張兮兮」的人類——也就是很容易感到焦慮抑鬱的那些人，擁有相同的變異。儘管如此，大部分身上帶著該種變異的人都不致於淪為焦慮或憂鬱。更確切地說，血清素遺傳變異是差別感受性的一項主要根據。亦即，無論恆河猴或人類，擁有此種遺傳變異可帶來許多優勢，例如：對所學材料的記憶記得更牢、做出較好的決策，整個來說就是達到更好的心智功能。

自從我寫了這本書並解釋有關這些恆河猴的研究之後，在丹麥，由利赫特（Cecilie Licht）和其他人所做的研究提到，高度敏感者擁有與此相同的遺傳變異，這一點並不令人驚訝。由於此種遺傳變異只有在人類和恆河猴這兩種靈長類身上找得到，再加上，兩者都是高度社會化並且能夠適應各式各樣不同的環境，不禁讓人感到疑惑：這樣的適應力，是否因為群體裡的高度敏感成員更能注意到細節，例如哪些新的食物可放心食用、哪些危險要避免，因此得以在新環境當中存活得比較好。

並不是每個高度敏感者或高度敏感兒童身上都有這種影響可用血清素的遺傳變異。我們認為，通往高度敏感有許多遺傳上的途徑。另一種變異，存在七個多巴胺基因裡，是由中國的陳春輝博士與其他學者發現，它與高度敏感者量表的分數呈現相關。一個人會有高度敏感特質或許還有其他原因，特別是考量到在所謂表觀遺傳學（epigenetics）領域的新近研究，或者談到基因本身如果被環境改變等等，諸如此類；不過，我認為，敏感性**在大多數情況下**是由遺傳決定的，因為在科學研究方面的另一項進展，為高度敏感性提供了演化上的理由。

演化上的證據

我在第1章曾經提出兩點，那時候是以很少量的資料和大量的觀察作為依據，但如今證據已強化許多。第一點說到，高度敏感這項特質絕不可能是異常、問題或障礙，因為已知它不但在人類身上也在其他物種身上逐漸演化。我當時提到了三個物種，但目前的清單已經列出超過一百種。在所有這些物種當中，大部分成員對於所處環境的細微表象是不敏感的，然而少數卻很敏感。在德國，沃夫（Max Wolf）和幾位同事運用了一種電腦刺激的方法來觀察這樣的敏感性或「生物回應性」（biological responsivity）可能是如何進行演化的。基本上，有時將注意力放在微小的細節，並且深入處理那些關於世界如何運作的資訊，終究還是值得的，做法就是，把目前的情況和據你所知過去所有類似情況兩者拿來比對。然而有時這些做法只是在浪費時間，對於你的神經系統而言是沉重負荷的情況之下，尤其如此。因此，並非所有人都是敏感的，只有少數人會是。確實，如果每個人都很敏感，對任何人來說就沒什麼好處了——假設塞在車陣當中的每個人都知道某一條避開塞車的捷徑，選擇繞到這條路走，那麼，這條捷徑不就跟其他路徑一樣大塞車。

想像一下這個場景：某個大熱天，你家的敏感孩子在遊樂場上最陰涼的地方找到一處小角落。很多小朋友都覺得熱到不行，但卻沒人注意到這個地方。從長遠來看，你家的孩子將來是否會比這些神經比較大條的小朋友更懂得生存之道，我們無從得知，但答案說不定是肯定的，因為他對他習得的事物更能舉一反三，他將來也比較會照顧自己的健康，注意到自己車子的輪胎什麼時候磨平，也能夠保護他的孩子避開危險的情境。

現今的生物學家對於在同一物種「性格」上的這些變異持續投入相當多的想法。很明顯的一個結果就是，這些變異，除非能提供某種獨到的對策，有助於某些個體的生存，要不然根本無以為繼。也就是說，孩子的氣質無論何等與眾不同，之所以還存在基因庫裡，一定有它的道理。

全有或全無

不過，我早在這本書裡提出的另一個概念，如今已得到更充分的證明，亦即，敏感性不像高矮胖瘦，因為身高體重是一種向度（dimension），大部分的人都會落在中間地帶。敏感性比較像慣用左手或右手的不同——非左即右，全有或全無，多數是其中一種，少數則是另一種。這種情況也適用在某一項表面上看來類似高度敏感的特質，那就是在孩童身上會表現的壓抑（inhibitedness）；不過，專就敏感特質本身，德國比勒費爾德大學博里絲（Franziska Borries）的博士論文當中也提出了證據。在一項超過九百位人士做了高度敏感者量表和其他測量的研究裡，博里絲用一種特別的統計方法，對所謂類型（category）和向度兩者做出區隔。她發現，和受試者在大部分其他測驗上得分狀況不同的是，高度敏感特質的確就是一種類型，而不是向度。你要不就是個高度敏感者、要不就不是，所以你的孩子也一樣。當有人說「你家孩子也沒那麼與眾不同嘛，每個人的個性裡都會有那麼一點敏感的地方」，你就可以這麼解釋給他聽了。

當然，沒有任何一種自我陳述或家長陳述的測量是無懈可擊的。許多測量分數會落到中間地帶，理由卻和該項特質無關。舉例來說，有些人不管回答什麼問題，都會傾向往中間靠攏作答，而有時某項與敏感無關的特質，像是孩子的高度好奇心或易怒傾向，也許會有點把敏感特質掩蓋掉。只能說，畢竟每個高度敏感兒童，還有每個人，都是獨一無二的。

好好養育高度敏感兒童，就是帶給這個世界一份大大的禮物

我在寫下這些文字之前，把這本書重讀了一遍，我原以為，我要是說了下一步我會如何如何的話，我大概只會把自己書上曾寫過的再重述一遍。不過，當時的我並沒有看清現在我要傳達給各位的最重要訊息：這世界需要受到良好養育洗禮的高度敏感者。這世界對他們求才若渴。他們謹慎思考、感受深刻、注意細節，於是能夠掌握事物的遠景，還有什麼時候比起目前更需要他們呢？然而，我們更需要的就是，當其他非高度敏感者看不見、想不到、感受也不夠深刻的時候，高度敏感的人要有勇氣大聲發表意見、勇於突破。

孩子要能好好地成長，並不容易，不過，知道如何好好養育他們、理解到孩子的教養事關重大，都是很有幫助的。我希望這本書不僅幫助各位知道如何養育家中的高度敏感兒童，也幫助你理解教養的確是一件大事。如果家長和老師能幫助高度敏感兒童學會看重自己、發展他們自己的觀點，並且找到和身邊其他非敏感者的有效溝通方法，那麼就能大大改善日常生活。無論你正過著什麼樣的人生，只要將你的高度敏感兒童領進這芸芸眾生的人世間，給孩子的人生一個好的開始，你對我們大家已是貢獻良多。感謝各位。

給教師的二十個建議

1. 瞭解班上學生具有不同氣質，其中15～20％會是高度敏感者。他們寧可成為旁觀者，觀察各種細節，深刻的處理所有的資訊之後，才採取行動。高度敏感者善於內省、直覺強、富有創造力、明白事情始末、知道接下來會發生什麼、有良知、熱心公益、關心別人的感覺、注意到細節或是任何變化。但是這種氣質也讓他們更容易受到過度刺激或受傷，社交上比較不容易融入，有時很安靜，不願意在班上公開發言。不要被這些表象誤導了，他們可能發展出許多獨特的才能。

2. 瞭解氣質差異在學習上的影響。讓家長及其他老師瞭解，高度敏感是遺傳特質，無法改變，這是正常的行為特質，有缺點也有優點。

3. 跟高度敏感學生的家長密切合作。這些家長常常有深刻的洞見和策略，也需要你的肯定。他們在家裡，看到的是聰明、有能力、活潑的孩子，所以會擔心你在學校看到的孩子表現不如理想。

4.如果遇到問題，和以前教過這個學生的老師談談，看看什麼策略最有效。如果學生言行不合乎你的期待，不要假設學生在和你作對，或是他心理不正常。對於這些孩子，他們的氣質是否能和環境合拍是最重要的。年紀大一點以後，他們會需要學著適應世界，但是一開始的時候，世界需要適應他們。

5.這些孩子非常有創造力，面對他們的時候，你也需要運用創造力。提供視覺藝術及表演藝術的課程，提供創造性寫作及巧妙的題目給他們解決。選擇具有複雜道德議題或強烈情感的文學書籍給他們閱讀。這些孩子往往有非常成熟的心智，你可以讓他們幫忙清理教室或布置教室。這些孩子通常跟自然親近，喜歡養植物或動物。因為他們擅於理解別人的意圖和肢體溝通，會是最佳助教。

6.注意高度敏感學生的興奮程度。每個人都需要適當的興奮程度才能好好學習，刺激過度或不足都不適合學習。高度敏感兒童比較容易受到過度刺激，因此需要安靜的環境，也需要更多的休息時間來處理腦中的資訊。受到過度刺激之後的復原需要至少二十分鐘，所以最好乾脆避免他們受到過度刺激。如果在學校總是受到過度刺激，他就會不想上學，甚至一想到上學就受到過度刺激了。

7.在施壓和保護之間取得平衡。研究顯示，對於有安全感的高度敏感兒童，開學時適量的壓力可以使他們對同樣的刺激較有免疫力。但是已經感到壓力的高度敏感兒童則會在壓力之下受到傷害。試著去感覺學生何時需要壓力，何時需要放鬆。千萬不要完全避免要求他們做困難的事情，例如口頭報告或揮棒擊球。這只會讓他們以後更不敢嘗試，更覺得自己不夠好。注意何時可以要求他們表現，階段性的協助他們準備，例如先對另一個學生做報告，再跟幾個人做報告，最後對著全班報告。或是尋找適合的替代方案，例如打排球就可能比打棒球容易。要確定每一個步驟都有成功的希望，並且大加讚美肯定，讓他們下次更勇於嘗試。

8. 制定計畫，讓教室中的過度刺激減到最低。例如，做安靜的活動、帶全班出去散步、讓學生自由活動。年紀大些的學生可以尋找安撫自己的方法，管理自己的反應。例如，事前同意高度敏感的學生可以到安靜的閱讀角落去（用低矮的書櫃在教室裡隔出空間），或是讓他離開教室幾分鐘，透透氣、喝喝水。如果他無法公開問你問題，讓他有機會私下問你。

9. 允許高度敏感兒童用自己的速度融入班級。不論是小學或中學，新生入學都可能需要幾個星期或幾個月，甚至一整年來適應，讓高度敏感的學生慢慢適應新環境。如果他不想參與班級活動，不要逼他。他們可能需要先觀察一陣子。不要過度注意他們，否則只會讓適應過程拖得更久。不要貼上害羞或害怕的標籤，他只是謹慎而已。高度敏感者比較保守，除非覺得夠安全，否則不喜歡冒險。對他們而言，學校生活充滿了危險。

10. 鼓勵參與班級活動時，請讓孩子保持放鬆、不要太興奮。請學生在班上朗讀，或兩個人互相朗讀。不要指出他們有困難的地方，要誇讚他們的發言。這些孩子一旦覺得夠安全自在，就會和大家分享。他們往往成為話最多、最有創造力、最活潑的學生。

11.有時候，即使是出於關心，你的注意也會給高度敏感兒童太多刺激。例如，輪到他說話的時候，你可以看別處，不要盯著他看。他在班上發言時，不要一直提出問題。你可以分享自己的類似經驗，給他回應的空間。班級討論的時候，邀請他參與，給他一點時間回應。如果他不說話，就當做沒這回事的繼續進行下去，或是幫他起頭：「或許你在想……」「你是不是認為……」。

12.把工作分成許多小步驟。如果孩子覺得焦慮，就退一步，把工作拆解成更小、更容易的步驟。例如，放學的時候，不要籠統的說：「準備回家了。」而是具體的說：「請穿上外套。」

13.根據學生氣質進行評量。不論是考試、評量或班級表演，讓高度敏感學生保持輕鬆，才會看到他真正的表現。他們接收的資訊總是比別人多，這會需要時間。搜尋這些資訊也需要時間。如果受到過度刺激，他將無法處理深刻複雜的資訊。如果時間緊迫、學生過度受到注意、過度在意勝敗，刺激就可能過多了。允許高度敏感學生使用多元方式呈現自己的學習成果，視覺藝術作品、口頭報告、書寫等等。從最容易的方式開始，問他們相關問題，然後用不計時測驗，最後才用計時考試的方式測驗。你需要用這些步驟，一步一步經由成功經驗，慢慢的訓練他們適應壓力比較大的測驗方式。

14.課堂上有任何改變，或是任何校外教學或特別活動都要事前讓學生知道。這樣一來，他們比較容易適應，比較不會惹出麻煩。

15.有時候，不良行為是因為刺激過度所引起的。受到過度刺激時，有些高度敏感兒童會退縮、分心、不肯參與、忘東忘西、缺乏動機、焦慮、沮喪、羞怯。有些則會情緒波動，哭泣或發脾氣，有些變得過動，甚至有攻擊性。當刺激減弱，他們就會恢復正常。如果想制止學生的行為，首先跟他說：「你現在大概覺得受不了了。」然後建議降低刺激的辦法：「或許你可以在安靜角落待一下。」過後，建議下次怎麼處理：「你覺得受不了的時候，請先跟我說。」

16.永遠不要嚴厲處罰高度敏感兒童，只需要溫和的私下提醒。有些孩子只要知道自己犯了錯，就會哭出來了。如果受到處罰，或是羞辱，他們可能會記得這個經驗，卻不瞭解你希望他們學到的教訓。

17.從高度敏感兒童的角度觀察教室。教室擁擠、吵鬧、太熱、太冷、空氣太悶、骯髒、光線太亮、東西太多都會給學生過多刺激。盡量改善環境。

18.協助解決社交困難。給孩子一些時間，讓他自己解決社交問題，但是如果拖了幾天，或是學生看起來退縮、被孤立、被排斥、被取笑、被欺負，就要插手干預，告知家長或輔導人員。高度敏感兒童交朋友可能比較慢，需要協助。他們的言行容易受到其他學生誤解。例如，哭泣可能被視為軟弱，需要個人空間可能被視為難相處，極度挫折可能被視為不合理的壞脾氣。因為他們容易激動，有些孩子特別喜歡取笑或欺負他們。成人需要創造友善支持的環境，讓大家能夠彼此接納、尊重，而不是取笑和自己不同的人、攻擊溫和的人。持續提醒學生，人就是生而不同。

19. 協助學生建立友誼。高度敏感兒童擅長一對一的關係，只要有一個好朋友就夠了。但是他必須至少有一個好朋友。讓高度敏感兒童坐在一起，分組時把他們分在一起，製造熟悉的機會。

20. 指出高度敏感兒童具有的特殊能力。這些孩子往往很早就在某一方面達到成人的程度，可以提昇他們的自我形象。他們常常被美感、社會正義感、心靈經驗、深刻情緒感動，需要表達的管道。鼓勵他們嘗試不同的表達方式，直到他們找到適合自己的方式（詩、舞蹈、視覺藝術、戲劇、演講、寫作、發行校刊）。

國家圖書館預行編目（CIP）資料

孩子，你的敏感我都懂／Elaine N. Aron著；丁凡譯. --
三版. -- 臺北市：遠流, 2023.11
面；　公分. --（親子館；A5063）
譯自：The highly sensitive child: helping our children thrive when the world overwhelms them
ISBN 978-626-361-273-0（平裝）

1.親職教育 2.育兒 3.兒童心理學

528.2　　112015422

親子館 A5063

孩子，你的敏感我都懂【增訂新版】

作者：Elaine N. Aron
譯者：丁凡
主編：林淑慎
責任編輯：廖怡茜

發行人：王榮文
出版發行：遠流出版事業股份有限公司
104005 台北市中山北路一段 11 號 13 樓
郵撥／0189456-1
電話／2571-0297　傳真／2571-0197

著作權顧問：蕭雄淋律師
2023 年 11 月 1 日 三版一刷
售價新台幣 380 元（缺頁或破損的書，請寄回更換）

ISBN 978-626-361-273-0　（英文版 ISBN 0-7679-0872-4）

遠流博識網
http://www.ylib.com
E-mail: ylib@ylib.com